W0054703

Von Peter Mayle sind außerdem erschienen:

Mein Jahr in der Provence (Band 3248)
Toujours Provence (Band 60053)
Hotel Pastis (Band 60454)
Hotel Pastis (Großdruck; Band 60454)

Deutsche Erstausgabe Juni 1993
© 1995 für die deutschsprachige Ausgabe
Droemersche Verlagsanstalt Th. Knaur Nachf., München
Titel der Originalausgabe »Aoquired Tasles«
© 1991 für diese Zusammenstellung Peter Mayle
Originalverlag Bantam Books, New York
Die englische Ausgabe erschien unter dem Titel »Expensive Habits«
Umschlaggestaltung Adolf Bachmann, Reischach
Satz: MPM, Wasserburg
Druck und Bindung: Elsnerdruck, Berlin
Printed in Germany
ISBN 3-426-60075-7

7 9 10 8 6

Peter Mayle

Geld allein macht doch glücklich

Erstaunliches und Kurioses aus der Welt der Reichen

Aus dem Englischen
von Gerhard Beckmann

Für Martin Reiser,
dessen Ermutigung genauso wichtig war
wie seine Tapferkeit
angesichts meiner Ausgaben.

Inhaltsverzeichnis

Einleitung

Meiner bescheidenen Meinung nach kommen die
meisten von uns mit einem Hang zur Maßlosigkeit
auf die Welt. Wir werden mit einem Verlangen nach
Besserem, nach immer mehr geboren. Das liegt uns
in den Genen und meldet sich bereits beim leisesten
Anzeichen von materiellem Glück und beim Anblick einer uns verfügbaren Kreditkarte. Was sonst
könnte den Kauftrieb einer Frau erklären, die bereits 399 Paar Schuhe besitzt? Oder den Kauf eines
zweiten Hubschraubers, eines fünften Hauses, noch
eines Dutzends Zierkissen, eines ganzen Kübels Kaviar, eines uralten Champagners? Wer braucht das alles? Wer kauft so etwas? Und weshalb?
Ich bin seit langem davon fasziniert, wie die Reichen
ihr Geld ausgeben. Mich hat dabei vor allem die Frage bewegt, ob die kleinen Luxusobjekte ihr Geld
wert sind. Zahlen die Reichen für etwas ganz Besonderes? Oder liegt das Vergnügen eigentlich in dem
prickelnden Schwindelgefühl, daß sie haben können, was sie wollen, wann immer sie es wollen — und
auf den Preis nicht achten müssen? Es ist eine Frage,
die sich mir stets von neuem gestellt hat, wenn ich
über einer Mahnung von American Express brütete.
Und eines schönen Tages griff das Schicksal ein, um
mir zu einer Antwort zu verhelfen. Martin Beiser
von der Zeitschrift GO, ein Mensch absoluter Ver-

trauenswürdigkeit und mit einem unbegrenzten Spesenbudget, hatte von meinem wissenschaftlichen Interesse am Besten gehört, was das Leben zu bieten hat, und war so freundlich, mir Marschorder zu geben. Beeil dich, so befahl er mir, und mische dich unter die Reichen. Mach es wie sie, vorausgesetzt, daß du vorher die Zustimmung der Buchhaltung einholst, und erstatte dann Bericht.

Es scheint angemessen, an dieser Stelle ein paar Worte über meine Lebensumstände zu verlieren: Sie sind bescheiden. Ich besitze nur ein Haus, ein kleines Auto, ein Fahrrad und vier Anzüge, die ich kaum getragen habe. Essen und Wein sind, da ich in einer landwirtschaftlichen Region in Südfrankreich lebe, gut und nicht teuer. Meine Laster sind relativ billig. Ich gebe mehr Geld für Bücher aus als für irgend etwas sonst. Ich empfinde kein Verlangen nach einer Jacht, einem Rennpferd, einem Butler, nicht einmal nach einem Attachéköfferchen aus Krokodilleder mit massiven Messingbeschlägen und einem Kombinationsschloß, ganz zu schweigen von Dingen, die wirklich Geld verschlingen — wie beispielsweise ein Weingut in Bordeaux oder eine Sammlung impressionistischer Gemälde. All diese wunderbaren Dinge kann ich bewundern und schätzen, aber ich möchte sie nicht besitzen. Sie sind, was mich angeht, die Anstrengung nicht wert. Am Ende besitzen sie nämlich dich.

Das wurde mir vor einigen Jahren eines schönen Abends im Hause eines Ehepaars klar, das unter unnormalem Reichtum litt. Ein Gast — möglicherweise ich, wenn ich's recht bedenke — stieß versehentlich

an den schweren Silberrahmen eines trüben Öl-
gemäldes, das im Wohnzimmer an der Wand hing.
Der Alarm setzte ein, der Sicherheitsdienst mußte
angerufen und beruhigt und besänftigt werden, bevor wir uns am Eßtisch niederlassen konnten. Und
während wir aßen, erzählte die Gastgeberin von einem weiteren täglichen Problem. Es betraf das Besteck. Es war aus herrlichem altem englischem Silber, unersetzbar und hoch versichert — ein un-
schätzbarer Besitz. Leider war die Versicherung nur
gültig, wenn das Silber außerhalb der Dienststunden
im Safe aufbewahrt blieb, und aus diesem Grunde
mußten Messer, Gabel und Löffel nach jeder Mahlzeit nachgezählt und verschlossen werden.
Aber, so werden Sie jetzt vielleicht sagen, das sind
doch nur geringe Nachteile bei einem ansonsten be-
neidenswerten Leben im Glück, das die erblich Reichen genießen. Nachdem ich mir aber von Zeit zu
Zeit an ihrem Fenster die Nase plattgedrückt und sie
beobachtet habe, bin ich mir gar nicht sicher, daß diese Menschen soviel Spaß haben, wie wir anderen
immer meinen. Und warum? Weil, verdammt noch
mal, immer irgend etwas nicht in Ordnung ist.
Die Erwartungen steigen gewöhnlich im direkten
Verhältnis zur ausgegebenen Geldmenge; wenn
man ein Vermögen ausgibt, erwartet man Vollkom-
menheit. Da das Leben jedoch leider das schlecht ar-
rangierte Trümmerfeld ist, das es eben meist ist, und
da, ach, soviel vom Verhalten der unberechenbaren
Ausstattung (dem Dienstpersonal) abhängt, ist Voll-
kommenheit selten. Die Reichen müssen das nach
einiger Zeit erkennen, und dann suchen sie förmlich

nach Problemen. Ich habe sie dabei beobachtet. Details, die uns trivial vorkommen, gewinnen eine enorme Bedeutung: Das Frühstücksei ist ungenießbar, weil es um zehn Sekunden zu weich ist; das Seidenhemd ist untragbar wegen einer kaum sichtbaren Falte; der Chauffeur ist unerträglich, weil er schon wieder Knoblauch gegessen hat; der Türsteher ist entweder nicht aufmerksam genug oder gibt sich allzu vertraulich — die Liste der inakzeptablen Flecken auf dem Landschaftsgemälde des Lebens wird immer länger. Wie kann man sich des Tages erfreuen, wenn irgendein Trottel die Socken nicht vorgewärmt oder die Zeitung nicht knitterfrei gebügelt hat?

Ich erinnere mich an eine Mission zu einem Luxushotel in Venedig — ein großartiges Hotel mit einem gleichermaßen großartigen *chef*. Unmöglich, habe ich mir gedacht, in so einem Haus das Abendessen nicht zu genießen. Weit gefehlt. Am Nachbartisch saßen vier prächtige Exemplare alten Reichtums aus Mailand. Sie waren keineswegs glücklich. Der Weißwein hatte nach ihrem Geschmack nicht die richtige Temperatur. Ein Finger hob sich, aber der Ober brauchte mehr als dreißig Sekunden, um an ihrem Tisch zu erscheinen. Heiliger Strohsack, was ist mit der Welt los? Während der ganzen Mahlzeit konnte ich ein absolut ungerechtfertigtes Gemurmel von Unzufriedenheit hören. Gleichgültig, wie köstlich die Speisen, wie *splendid* die Umgebung — die Dinge waren nicht ganz so, wie sie sein sollte — war. Und diese Atmosphäre — fast mißtrauisch auf der Suche nach Enttäuschung — herrschte im ganzen Raum. Im

Raum saß kein einziger fröhlicher Millionär. Es war das erste und einzige Mal, das ich in einem noblen italienischen Restaurant gegessen habe.

Nach einigen ähnlichen Erfahrungen reizte mich der Gedanke, ständig unter Reichen zu leben, überhaupt nicht mehr. Ich muß allerdings einräumen, daß ein paar von ihren eher bescheidenen Investitionen — die kleinen Trostpreise, die sie sich gönnen, während sie einen Tag um den anderen hinter sich zu bringen versuchen — extrem angenehm sind und potentiell süchtig machen können. Wenn Sie einmal Kaviar genossen haben, finden Sie es schwer vorstellbar, seinen entfernten Verwandten, den Rogen des *cyclopterus lumpus*, mit ehrlichem Appetit zu betrachten.

Der vergnüglichste Teil meiner Nachforschungen, die sich etwa über einen Zeitraum von vier Jahren hinzogen, bestand vielleicht in den Begegnungen mit den Künstlern, den Menschen, die solche Luxusartikel liefern. Sie alle, von den Herrenschneidern und Schuhmachern bis zu den Trüffeljägern und Champagnermixern, waren bei ihrer Arbeit glücklich und großzügig mit ihrer Zeit und faszinierend, wenn sie ihre besonderen Fähigkeiten erläuterten. Einem kenntnisreichen Enthusiasten zuzuhören, das ist eine Offenbarung, gleichgültig, ob er sich über einen Panamahut oder das heikle Geschäft ausläßt, sich aus der Sauterne *foie gras* zu besorgen. Ich habe mich später im Hinblick auf die involvierten Talente und die Geduld oft gefragt, warum ihre Leistungen nicht teurer waren.

Die Beiträge über gezielte Verwöhnung habe ich um

den einen oder anderen Text über unfreiwillige Ausgaben ergänzt. Weihnachten, Trinkgeldern und Rechtsanwälten kann keiner von uns entrinnen, und ohne sie schien mir ein Überblick über die Methoden, wie wir unser Geld loswerden, unvollständig, da sie dauerhafte, kostspielige und liebe Gewohnheiten geworden sind. Das gilt natürlich auch für das Finanzamt, doch der Gedanke, darüber zu schreiben, war allzu deprimierend, und jeder wirklich zutreffende Kommentar hätte zweifellos dazu geführt, daß alle meine Abzüge für das nächste Jahr aus Rache nicht anerkannt worden wären.

Es mag in einer Zeit wirtschaftlicher Härte unangemessen erscheinen, derlei Skizzen vom aufwendigen Leben zu präsentieren. Doch was wäre das Leben ohne gelegentlichen Luxus? Und außerdem ist, wie ich der Buchhaltung immer von neuem klarmachen mußte, echte Qualität stets ihren Preis wert.

1

Ein Fetisch des Gentleman

In London gibt es zwei oder drei diskrete Etablissements, die seit Generationen einem der weniger bekannten männlichen Laster dienen. Von Mundpropaganda abgesehen, wird für sie keine Reklame gemacht. In den Räumen dort herrscht eine eigenartige Atmosphäre der Stille, die lautes Reden oder rasche Bewegung verbietet. Die Unterhaltung ist gedämpft und kultiviert; sie wird nur ganz gelegentlich von einem leisen Kichern unterbrochen. Die Kunden stehen oder sitzen, Mann für Mann, gesenkten Hauptes da oder mit zu Boden gerichteten Augen, als gelte es, eminent wichtige Dinge zu bedenken. So ist es auch; schließlich investieren die Herren bis über zweieinhalbtausend Mark in ein Paar handvermessener, handvernähter, handgemachter Schuhe, die exklusiv für die individuelle Beschaffenheit der Zehen, Kontusionen und Knochenformungen hergestellt werden, die den einzigartigen Fuß eines Gentleman prägen.

Einigen Herren — selbst Herren, die Maßanzüge mit Manschettenknopflöchern, die sich tatsächlich öffnen lassen, oder maßgeschneiderte Hemden und das trauliche Liebkosen eines separat angelegten Kragens schätzen —, selbst einigen solcher Kleidungs-*Gourmets* dünkt das Herumlaufen in einem mit Geld gewickelten Fuß irgendwie eine Übertreibung, die viel schandbarer ist als eine Passion für Cashmere-Socken, die sie ihrem Steuerberater und Buchhalter verschweigen möchten. Ihre Bedenken sind stets von denselben Argumenten getragen: Was könnte die Differenz des Preises zwischen handgemachten und maschinell fabrizierten Schuhen rechtfertigen? Während ein Schneider Wunder an Verkleidungen zu vollbringen hat, um Unvollkommenheiten des Körpers zu verhüllen, hat der Schuhmacher nur eine simple Aufgabe. Ein Fuß ist schließlich ein Fuß.

Welch ein Irrtum! Was sie nicht begreifen und nie verstehen werden, bis eigene Erfahrung sie eines Besseren belehrt, ist die süchtig machende Kombination praktischer Vorteile und privaten Vergnügens, die dem Mann zukommt, der sein Schuhwerk von Künstlern anfertigen läßt.

Es beginnt mit einem Einführungsritual, das sich, wie alle guten Rituale, in einem angemessenen Tempo abspielt. Man kommt ja nicht hierher, um zu kaufen und sich gleich wieder aus dem Staub zu machen. Man muß dem ersten Besuch mindestens eine Stunde einräumen — vielleicht länger, falls die Bedürfnisse solcher Art sind, daß sie hochgezogene Augenbrauen verursachen. Aber dazu kommt es erst später. Zunächst begegnet man dem Führer, der einen durch die Eröffnungszeremonie leitet. In gewöhnlicheren Geschäften wird er vielleicht als Chefverkäufer bezeichnet. Bei diesem Geschäft aber handelt es sich um eine der letzten Stationen eines spätviktorianischen englischen Barocks, und er selbst wird sich wahrscheinlich selbst als *purveyor*, eine Art Hoflieferant, betrachten.

Er wird Sie höflich grüßen; allerdings werden seine Augen ein abwärtsgerichtetes Schielen nicht vermeiden können, um kurz ihr Schuhwerk einzuschätzen. Gesagt wird nichts; aber Sie werden sich vielleicht zum erstenmal in Ihrem Leben bewußt, daß sich ein anderer Mann dezidiert für Ihre Füße interessiert.

Sie nehmen Platz. Man zieht Ihnen die Schuhe aus, die auf einmal verloren und schäbig wirken. Machen Sie sich deswegen keine Sorgen. Mit ihnen ist der Hoflieferant gar nicht mehr befaßt; ihn faszinieren nur noch Ihre Füße. Nachdem er sich vergewissert hat, daß es sich um zwei Füße mehr oder weniger gleicher Größe handelt, ruft er seinen Gehilfen herbei; es kann sich um einen jungen glattgesichtigen Lehrling oder ein verschrumpeltes altes Faktotum handeln. Auf jeden Fall trägt er ein großes, in Leder gebundenes Buch, das bei zwei leeren Seiten aufgeschlagen ist.

Das offene Buch wird auf den Boden gelegt. Sie werden gebeten, sich mit je einem Fuß auf eine Seite zu stellen. Der Hoflieferant kniet vor Ihnen. Langsam, beinahe liebevoll, kartographiert er jeden Fuß, indem er die Umrisse auf die Seite überträgt. Die fast greifklauenähnlichen großen Zehen, die geheimnisvollen Einkerbungen, die Ihre kleinen Zehen zieren, die Länge der Seiten, die Wölbung der Fußsohlen — da bleibt keine einzige Furche oder Unregelmäßigkeit unregistriert.

Sobald die Karten perfekt gezeichnet sind, kann die topographische Übersicht beginnen. Alles wird vermessen: Höhe des Rists, Biegung der Ferse, Konturen und Senkung des Fußwurzelbogens. Möglicherweise werden Sie gefragt, ob Sie die Fußnägel immer so lang tragen; denn jeder Millimeter zählt. Endlich dürfen Sie von dem Buch heruntertreten und müssen sich vorbereiten, Entscheidungen zu treffen. Jetzt ist der Zeitpunkt gekommen, da Sie über den Stil Ihrer Schuhe bestimmen sollen.

Da gilt es, unter einer schier unendlichen Auswahl zu wählen, wobei allerdings angemerkt sei, daß Sie kubanische Absätze, Messingtrensen, dreifarbige, mit Schlangenleder überzogene Straßenstiefel und überhaupt alles, was ein Ideechen protzig ist, hier nicht finden werden. Dergleichen läge ohnehin nicht in Ihrem Sinn. Sie wünschen einen zeitlos klassischen, braunen Schnürschuh. Etwas ganz Einfaches.

Also haben Sie nur noch zu entscheiden über die Art des Leders (Kalb, Korduan, Krokodil, rauhes Wildleder); die genaue Zehform (Mandel, leicht eckig, normalrund); die Höhe des Absatzes (auf keinen Fall extrem, bitte, aber ein paar Millimeter extra könnten sich machen lassen); die Art der Überformung Ihres Fußgewölbes (als besonders schickes Finish wird hier eine Abschrägung der Mitte empfohlen); den Grad der Verzierung (auch da gibt es Grenzen, doch eine maßvolle Ornamentierung von Spitze und Rist ist durchaus akzeptabel); und zu guter Letzt die Schnürsenkel (geflochten oder Leder, glattgeschnitten oder gerollt). Solch faszinierende Details dürfen nicht übers Knie gebrochen werden, denn mit dem Resultat werden Sie recht lange leben müssen.

Schließlich verabschieden Sie sich — mit dem Ausdruck beidseitiger Zufriedenheit über die gute Zusammenarbeit — von dem Hoflieferanten. Er freut sich auf Ihren nächsten Besuch.

Doch wann? Monate vergehen ohne Nachricht. Dann, wenn Sie sich schon zu fragen beginnen, ob Ihr Auftrag mit den Jagdstiefeln des Herzogs von Glencoe verwechselt worden sein könnte, trifft eine Karte ein, in wiederum barocker Sprache, mit der Bitte um die Gunst Ihres Besuchs für eine Anprobe und der Zusicherung allzeit geflissentlicher Aufmerksamkeit, während man getreulich der Ihre bleibt, und mit der allgemeinen Suggestion des Eindrucks, daß der Auftrag ausgeführt wurde.

Beim zweiten Besuch der Räumlichkeiten wird Sie ein angenehmes Gefühl des Vertrauten befallen. Das halbe Dutzend Männer — es sind, soweit Sie sich erinnern, dieselben, die Sie hier bereits vor Monaten gesehen haben — ist noch immer ehrfürchtig über die eigenen Zehenspitzen gebeugt. Es gibt nur einen kleinen Unterschied: Bald werden Sie dazugehören. Und schon nähert sich, wie zum Beweis, der Hoflieferant mit Ihren Schuhen.

Er hebt sie hoch, damit Sie sie bewundern können: zwei leuchtende Opfergaben, rot wie Ochsenblut, aus denen mit Messing beschlagene Schuhleisten hervorwachsen, die für sich genommen bereits Kunstwerke sind. Der Hoflieferant meint, daß Sie zufrieden sein werden. Großer Gott, sie sind superb! In dem Moment, da Sie sie anziehen, gewinnen Ihre Füße einen neuen Charakter. Sie waren Frösche und haben sich in Prinzen verwandelt. Sie haben Gewicht verloren. Diese Schuhe sind nicht nur leichter als Massenfabrikate, sie sind auch schmaler und eleganter geformt. Kein Wunder, daß die alten Flanierer stundenlang nach unten blickte und die aristokratischen eigenen Füße bewunderten. Nun tun Sie genau das gleiche.

Der Hoflieferant unterbricht Ihre Gedanken mit einem praktischen Rat: Sie sollten die Schuhleisten sofort nach dem Ausziehen, solange das Leder noch warm ist, in die Schuhe stecken. Und achten Sie darauf, daß Ihr Schuhputzer — man geht davon aus, daß Sie Ihre Schuhe nicht selbst pflegen, sondern dies von einem Angestellten besorgen lassen — die Paste gut zwischen Sohle und Oberteil einreibt. Und bringen Sie die Schuhe etwa einmal im Jahr zum Service. (Bei solchem Anlaß werden Sie auf die gleiche Weise willkommen geheißen wie ein reicher Hypochonder mit besorgten Erkundigungen über seinen gegenwärtigen Gesundheitszustand, dem sich eine längere Ruhezeit und Behandlung anschließt.) Bei solch anspruchsloser Pflege werden Ihre Schuhe zwanzig Jahre und länger halten.

Beim momentanen Preisniveau zahlen Sie somit jährlich rund einhundertzwanzig Mark für den Komfort, Schuhe zu tragen, die wirklich passen, und das Vergnügen, daß Ihre Schuhe mit dem Altern überdies immer schöner werden. Die Rituale, die Karten mit den verschnörkelten Wendungen, das Muster von Ledersorten, Schnürsenkeln, Wachs und Crèmes sowie der durchaus angenehme Gedanke, daß die genauen Formleisten Ihrer Füße sich an der Jerymyn Street oder in St. James's in sicherem Gewahrsam befinden — das kommt als Zugabe noch dazu. Im Vergleich zu anderen Arten von Sucht ist das Ganze äußerst preiswert.

2

Die *black-stretch*-Limousine

Es begann, als der erste statusbewußte Mensch auf Erden erkannte, daß der niedrigste seiner Diener die gleiche Anzahl Beine besaß wie er selbst. Damit ergab sich ein gesellschaftliches Problem — nicht innerhalb des trauten Heims, wo Rang und Stellung des Herrn zur Inneneinrichtung gehörten, wohl aber auf der Straße. Wie könnte er die propren Manifestationen ihrer Bedeutung im Durcheinander eines Fußgängerstaus sichern? Wie, wenn jemand unseren statusbewußten Herrn bloß für einen weiteren zweibeinigen Diener halten würde? Es mußte etwas geschehen.

Und es geschah auch etwas. Wie in Angelegenheiten der Selbstachtung immer, so half auch hier ein findiger Geist. Der statusbewußte Mann fand einen Weg, um aller Welt zu zeigen, wer der Herr ist: durch ein möglichst luxuriöses Transportmittel. Die Idee setzte sich durch.

Indische Fürsten entwickelten den vom Chauffeur gelenkten Elefanten, auf dessen Rücken, in unsicherem Gleichgewicht, ein Penthouse errichtet wurde. Im Europa des achtzehnten Jahrhunderts erreichte der Wettbewerb gekrönter Häupter um die eindrucksvollsten Fortbewegungsarten fieberhafte Ausmaße. Aufeinander abgestimmte Gespanne perlgrauer Rösser, Kutschen mit Rokoko-Holztäfelung,

Lakaien, Peitschenschwenker, Vorreiter — es genügt, um die Automodelle der fünfziger Jahre aus Detroit als Musterbeispiel der Zurückhaltung wirken zu lassen.

Im Grunde aber hat sich bis heute nichts geändert. Die Vorstellung eines für die Masse sichtbaren Transportmittels, das zugleich von ihr isoliert, bleibt so verführerisch wie eh und je. Das gelungenste Beispiel unserer Epoche ist die pechschwarze Pullman-Limousine, im Amerikanischen *black stretch* genannt. (Weiß ist vulgär, Grau die Kompromißfarbe der Banker; Braunrot, Magentarot und Altgold mit antiker Eisblumenlackierung sind nichts für Gentlemen. Schwarz muß sie sein.)

Es wirkt fast schon ein wenig anstößig, eine meterlange Maschinerie und die vollamtlichen Dienste eines anderen menschlichen Wesens dafür zu benutzen, um die kurze Strecke zwischen Mittagessen und dem nächsten Termin zurückzulegen. Aber genau darin liegt ein besonders befriedigender Aspekt des Reisens in der superlangen Limousine, den Sie allerdings gegenüber fortschrittlich gesinnten Bekannten, die sich um soziale Gleichheit, Ökologie und unsere moralische Verpflichtung zur Nutzung von Massenverkehrsmitteln sorgen, nicht unbedingt erwähnen müssen. Sie behalten dieses kleine Vergnügen am besten für sich. Zur Rechtfertigung der entsprechenden Kosten führen Sie die praktischen Gründe an.

Die gibt es in Hülle und Fülle. Alle seriösen Fahrzeuge dieser Art sind mit folgenden Details ausgestattet: ein Telefon, eine Bar sowie eine elektrisch funktionierende Glaswand, die den Fahrer dort isoliert, wo er hingehört: im Maschinenraum. (Oft gibt es auch ein Fernsehgerät, aber wer braucht TV, wenn es so viele andere Möglichkeiten gibt, sich zu amüsieren?) Das Telefon ist offenkundig von unschätzbarem Wert, um mit Freundinnen und Buchmachern Kontakt zu halten, besitzt jedoch auch in geschäftlicher Hinsicht eminente Vorteile. Autotelefone sind, Gott sei Dank, noch immer nicht völlig störungsfrei. Wenn also das Gespräch unangenehm werden sollte oder Sie Zeit zum Nachdenken benötigen, so erklären Sie dem Anrufer schlicht, Sie würden gerade unter einer Hochspannungsleitung durchfahren, pfeifen schrill in die Muschel und legen auf. Oder Sie teilen ihm mit, daß soeben ein Gespräch auf der anderen Leitung eingegangen sei.

Die Bar: Zur Standardausstattung gehören gewöhnlich Gin, Scotch und Wodka. Im rücksichtsvoller eingerichteten Pullman wird auch ein hinreichend großer Eimer mit Eis zum Kühlen von Champagner bereitstehen. Fünf oder sechs Menschen haben bequem Platz. Ihnen ist sofort klar, welche Chancen das für kleine, mobile Cocktailpartys bietet; bei Bedarf an Nachschub kann der Chauffeur vor Spirituosengeschäften halten. Falls Ihre Gäste unachtsame Typen sind, die Getränke verschütten, auf dem Läufer Kaviarstückchen verstreuen oder die Stereoanlage mit Zigarrenasche bedecken, so geschieht dies wenigstens auf neutralem Boden und nicht in Ihrer Wohnung. Und Sie werden Ihren Spaß gehabt haben. Ein guter, kräftiger Schluck während des Gleitens über die Park Avenue — oder die North Michigan

Avenue oder Beacon Street — schmeckt noch besser, wenn der Blick aus dem Fenster auf streitende Manager fällt, die sich gegenseitig beschimpfen, weil sie sich nicht einigen können, wer von ihnen das heranfahrende Taxi zuerst gesichtet hat.

Der Eindruck, sich fern des wirklichen Lebens in einem angenehmen Kokon zu befinden, wird noch erhöht durch eine entschlossene Verwendung der Glastrennscheibe zwischen Ihnen und dem Fahrer. Wenn Ihre bisherige Erfahrung mit solchen Trennwänden auf die verschmutzte Plexiglasausführung in gewöhnlichen amerikanischen Taxis beschränkt war, durch die Sie genötigt werden, sich mit dem Fahrer durch Brüllen zu verständigen, und die beim Zahlen Fingerquetschungen und unterdrücktes Fluchen verursacht, so wird Ihnen die Trennwand in der *black-stretch*-Limousine eine Offenbarung sein. Ein Druck auf den Knopf an Ihrer Armlehne — das gesprächssichere Glas surrt in die Höhe und verhindert jegliche Unterhaltung. (Aus irgendwelchen Gründen lieben alle Berufsfahrer das Plaudern. Dulden Sie es nicht. Sie zahlen keineswegs soviel Geld, um sich einen Vortrag über die Steuerpolitik von George Bush anzuhören.)

Und da sitzen Sie nun, Millionen von Kilometern entfernt von diesen Typen auf der Straße, geschützt gegen Wind und Wetter, vor dem Gequatsche im Cockpit geschützt — und in einer solchen Umgebung, die Sie völlig unter Kontrolle haben, begeben Sie sich dorthin, wohin immer Sie wollen. Eine solche Umgebung ist außerdem ideal für ein romantisches Rendezvous.

Frauen lieben *black stretch*. Sie fühlen sich verwöhnt und sind entspannt, sobald sie im Fond Platz nehmen. Sie tupfen sich in Gedanken ein bißchen Parfüm in die Kniekehlen. Sie trinken ein ganz klein wenig mehr Alkohol als sonst. Sie neigen sich Ihnen flüsternd zu. Sie blühen auf. Nichts ist so intim und eindrucksvoll wie eine Verabredung im *stretch*. Die Gefahr der Ablenkung ist viel geringer als im Kino oder während eines Diners bei Kerzenschein. Die Situation hier verführt zu unvergleichlicher Konzentration.

An dieser Stelle ist ein warnendes Wort nötig. Ob auf Vergnügungs- oder Geschäftsfahrt, gegenüber dem Fahrer muß das Protokoll unbedingt gewahrt werden, und daß heißt: Sie haben Ihre natürliche Warmherzigkeit zu zügeln. Wir möchten Ihnen keineswegs zu Grobheit raten — höfliche Distanz genügt. Mit anderen Worten: Schütteln Sie Ihrem Chauffeur nicht die Hand; erkundigen Sie sich auch nicht nach seinem Befinden. Ermutigen Sie ihn nicht, Sie mit Vornamen anzureden. Und öffnen Sie die Wagentür nie selbst, auch dann nicht, wenn Sie ein bis zwei Minuten warten müssen, während er die Länge des Wagens abschreitet, um Sie herauszulassen. Diese Jungs sind Profis und respektieren einen Fahrgast, der ebenfalls ein Profi ist.

Nach ein oder zwei Ausflügen werden Ihre Anforderungen wahrscheinlich detaillierter. Sie wollen nicht irgendeine alte Pullman-Limousine. Sie wollen eine Limousine, in der alles genau richtig ist. Sie verlangen einen CD-Player statt einer Tonbandanlage. Lederpolsterung statt Leinen. Reinen Malzwhisky. Ein

knitterfreies Exemplar des WALL STREET JOURNAL.
Ein Faxgerät. Eine Silbervase mit Fresien. Wenn sie
erst einmal mit den Raffinessen begonnen haben,
gibt es kein Halten mehr. Doch davon später.

Obwohl die Limousine, wie bereits erwähnt, schwarz
sein muß, wehren wir uns gegen schwarzgetönte
Scheiben, und das aus zwei Gründen. Erstens locken
Sie Autogrammjäger an, die sich herandrängen, sobald der Wagen hält, und Sie fixieren und möglicherweise mit Mick Jagger oder, viel schlimmer, mit
Ivan F. Boesky verwechseln. Und zweitens machen
Sie es Ihren Freunden — oder, besser noch, Ihren
Feinden — geradezu unmöglich, einen Blick von Ihnen zu erhaschen, während Sie Telefonanrufe erledigen und sich mit einer Kristallkaraffe beschäfti-
gen. Wir empfehlen Scheiben aus klarem Glas, aber
das ist natürlich eine Frage des persönlichen Geschmacks.

Nach einer ersten Fahrt werden Sie bereits beginnen, Ihre liquiden Mittel für weitere Expeditionen
zusammenzukratzen, bis es soweit ist, daß Sie zur
höchsten Raffinesse bereit sind: Sie führen Ihre Limousine zu einem Spaziergang aus.

Ein geruhsamer Spaziergang an einem Frühlings-
abend, über zwei oder drei Straßenlängen, mit dem
großen schwarzen Tier gehorsamst hinterdrein, mit
einer wohlbestückten Bar, die nur auf Gäste wartet,
einem Chauffeur, der auf dem Sprung ist, Ihrem
Wink zu folgen, einer Welle des Neids der weniger
vom Glück verwöhnten Fußgänger, die Ihr Fortkom-
men beobachten — das ist nun wirklich eine souve-
räne Art, sich aufs Abendessen Hunger zu machen.

3

Die teuerste Leidenschaft
überhaupt

Es sei denn, Sie leben in einem jener reizvoll rück-
ständigen südamerikanischen Länder, wo Ehemän-
ner ermuntert werden, mit anderen Frauen Bezie-
hungen einzugehen, statt es sich im Haus bequem zu
machen und fernzusehen — andernfalls ist die Geliebte eine verbotene Frucht. Sie wird als Gefahr für
die zivilisierte Gesellschaft betrachtet, als Gift für
die Familie und als wandelnde Ablenkung für Männer, die besser daran täten, den Konzernglobus im
Blick zu behalten. Eine Geliebte trägt schwarze Unterwäsche, nimmt ein parfümiertes Bad und rümpft
über Hausarbeit die Nase. Von der Hälfte der verhei-
rateten Bevölkerung in den USA wird sie gefürchtet
oder beneidet oder beides gleichzeitig. Sie ist nicht
erlaubt.
Und gerade deswegen bleibt sie im Geschäft — trotz
der hohen Betriebskosten und den wahnwitzigen
Steigerungen der Höchststrafe für den Fall, daß solchem Schmusen die Scheidung der Ehe folgt. (Den
Gerichtsprozeß hat ein mit mir befreundeter Jurist
als Klärung der Frage umschrieben, wer das Sorge-
recht über das Geld bekommt.) Wenn die Geliebte
gesellschaftsfähig würde, verlöre sie viel von ihrem
Reiz; der Hauch von Sünde und die Furcht vor dem
Entdecktwerden sind es, die dem Vergnügen die
Würze geben; sie machen einen Abschied zu einem

ach so süßen Schmerz, und sie erlauben es einem Mann, seine American-Express-Rechnungen mit einem stillen, genießerischen Lächeln zu betrachten. Auf diese Abrechnungen kommen wir später noch zurück. Für diejenigen unter Ihnen, die sich anschicken, in eine Geliebte zu investieren, sollte aber angemerkt werden, daß die Kosten sich nicht auf rein Finanzielles beschränken. Wer könnte die Belastung des Nervenkostüms abschätzen, die das Flüstern des falschen Namens im falschen Augenblick in das falsche Ohr auslöst? Oder das verzweifelte Bemühen, intensive Spuren von Chanel No. 5 von einem Anzug zu entfernen, der den Abend zuvor auf einer Verkaufskonferenz zugebracht haben soll? Oder den Schock des Entsetzens, wenn Ihnen ein unscharf gesehener, irgendwie Bekannter zwei Tische weiter winkt? Das Hasten zum Briefkasten, um Kompromittierendes abzufangen, bevor es in die falschen Hände gerät? Die sprachlichen Akrobatenkunststücke, die notwendig werden, um verteufelte Versprecher zurechtzurücken? Die Wunder an erfinderischen Verdrehungen, die produziert werden müssen, um zu erklären, warum Sie nicht angerufen haben, um mitzuteilen, daß Sie vor drei Uhr morgens nicht im Büro zurück sein würden?

In der Tat, diese tagtäglichen Wechselbäder von Intrigen und Adrenalinstößen sind dem Mann Speis und Trank, den die Sucht nach einer Mätresse erfaßt hat. Eine Frau ist nur eine Frau; eine Geliebte aber ist nicht nur Quell physischer Erregung, sondern sie bedeutet auch einen Hochseilakt. Die Seele liebt das sündige Drumherum nicht weniger als der Körper.

Was nur zu begrüßen ist; rein *cash*mäßig betrachtet, kostet nämlich eine Geliebte nur marginal weniger als eine Hochseeyacht oder ein vielversprechendes Rennpferd.

Es gibt fünf hauptsächliche Kostenbereiche, die ein Kandidat im voraus berücksichtigen sollte. Die anzusetzenden Summen variieren je nach Lust und Laune der jeweiligen Geliebten, nach dem Grad des eigenen Schuldbewußtseins, logistischen Komplikationen und Kreditlimit; es ist von daher schwierig, hier eine Gesamtkalkulation aufzustellen. Sie dürfen jedoch sicher sein, daß die Summe viel höher ist, als zunächst angenommen, und sich etwa folgendermaßen aufschlüsselt:

Zeichen der Zuneigung

»Wie ich dich liebe?« fragte Elizabeth Barrett-Browning in einem Gedicht. »Laß mich die Wege nennen.« Doch das war in der guten, alten Zeit vor dem Entstehen von Inflationen, in einer Zeit, als man die Wege nicht nur nennen, sondern sie sich auch leisten konnte. Damit ist es längst vorbei. Die moderne Gesellschaft bietet Ihnen unbegrenzte Möglichkeiten, Ihr Einkommen zu verpulvern, und Ihre Geliebte wird sich nur allzu glücklich schätzen, Sie mit solchen Chancen vertraut zu machen. Sie reichen von einem bescheidenen Bouquet von Rosen, die mit einer Wurzelabdeckung von Banknotenstroh gezüchtet wurden, zu lachhaft teuren Seidenfetzen, die sich als Unterwäsche aufspielen, zu Cartier, Van Clef &

Arpels und langen Zobelumhängen, bis Sie, sofern Leidenschaft und Mittel es Ihnen gestatten, zum beliebtesten Spielzeug überhaupt kommen: dem Liebesnest. Nichts verleiht den Wangen der Geliebten eine so gesunde Röte wie eine Immobilie, die möglichst in einem teuren Wohnviertel liegen und (aus Gründen der Diskretion) im Grundbuch auf ihren Namen eingetragen werden sollte.

Das Umschichten von Ausgaben

Männer mit einer neu erworbenen Geliebten zeigen häufig eine Veränderung, die fast so beunruhigend ist wie die routinemäßige Verwandlung des Frosches in einen Prinzen. Sie unterziehen sich einer Diät. Sie kaufen gewagte Krawatten und hauteng sitzende, italienische Anzüge. Sie lassen sich das Haar stylen. Sie denken ernsthaft darüber nach, den Kombi gegen ein niedriges, aerodynamisches, gefährlich aussehendes Vehikel einzutauschen. Sie wechseln von ihrem normalen After-shave zu einer Duftmixtur auf Moschus-Saloneidechsen-Basis, die pro Deziliter eine dreistellige Summe kostet. Sie gehen zur Arbeit ins Büro, als ob es ihnen ein Herzensanliegen wäre.

Das bleibt nicht unbemerkt. Unser Mann mag annehmen, daß seine Erklärungen plausibel klingen; dann macht er sich aber etwas vor. Seine Sekretärin weiß im Handumdrehen Bescheid, aber mit ihr teilt er schließlich nicht sein Bett (sofern er nicht ein kompletter Schuft ist). Bei seiner Frau liegt die Sache

anders. Sie vertraut ihm. Sie *möchte* glauben, daß er
Überstunden macht, und je dünner und fadenschei-
niger seine Entschuldigungen werden, desto schuld-
bewußter wird er — was direkt zum nächsten Kostenfaktor führt.

Geschenke aus Gewissensbissen

Ehefrauen von Männern, die eine Geliebte haben,
werden ganz unerwartet zu Empfängerinnen überra-
schender und rätselhafter Geschenke. Wohlwollen-
de Mißachtung schlägt plötzlich um in ein fürsorgli-
ches Interesse, das sich besonders den Themen von
Gesundheit, Freizeitbeschäftigung und Verwandtschaft zuwendet, aber es spielt keine Rolle, für welche Methode der Gatte optiert, das Resultat bleibt
sich gleich: das Angebot einer Reise nach Sonstwo-
hin bei voller Kostenübernahme.
Und so geschieht es denn, daß die überraschte Ehefrau verschickt wird, in den Kurort Eugénie-les-
Bains, zu einem Kurs im Hängegleiten in die Anden
oder zum Besuch einer Tante im fernen Alaska. Es
erübrigt sich, zu erwähnen, daß ihr Ehemann sie aufgrund enormer Verpflichtungen nicht begleiten
kann — einerseits wegen der Arbeitslast; andererseits jedoch wegen eines seit langem bestehenden
Versprechens, mit seiner Geliebten nach Palm
Springs zu fahren.

Vorsichtsmaßnahmen

Geliebte speisen nicht bei MCDONALD'S. Sie trinken kein Bier. Und nach einer Weile verlieren auch die erlesensten Picknicks in Hotelzimmern und Suiten den Reiz des Neuen. Es kommt der Zeitpunkt, daß die Geliebte darauf besteht, zum Essen ausgeführt zu werden, und das bringt besondere Probleme mit sich.

Das Restaurant muß sich zu solchen Zwecken eignen. Wie könnten Sie die Berührung mit einem seidigen Knie unter dem Tisch genießen, wenn Sie ständig damit rechnen müssen, Ihrem Wohnungsnachbarn zu begegnen? Sie sind daher auf Restaurants beschränkt, die von Ihren Bekannten nicht besucht werden, und das aus gutem Grund — weil sie sich diese Lokale nämlich nicht leisten können.

Während Sie die Speisekarte überfliegen und ungläubig die Brauen heben angesichts des Spargels, der nach Zentimetern berechnet wird, und Lammkoteletts zu neunzig Mark das Stück, fällt Ihnen wieder ein liebenswürdiges Kompliment ein, das Ihnen Ihre Begleiterin gemacht hat: Sie *bewundert* Sie wegen Ihrer sorglosen Einstellung zum Geld. Monetäre Bedenken kommen also gar nicht in Frage, und da naht auch schon, um sicherzustellen, daß Sie auf keinen Fall unter vierhundert Mark wegkommen, der affektierte Ober mit der Weinkarte.

Erfahrene Weinkellner erkennen ein heimliches Pärchen bereits aus aller Weite. Die stilvolleren haben die Seite mit Champagner aufgeschlagen, wenn sie Ihnen die Weinkarte überreichen. Die gewöhnlicheren Gauner werden ganz offen Champagner empfehlen — nein, nicht etwa Ihnen, sondern Ihrer Mätresse, da sie nämlich genau wissen, daß Mätressen Champagner lieben.

Addieren Sie das Grand-Manier-Soufflé, den Cognac aus dem Jahr 1929 sowie das zweistellige Trinkgeld (Ihr großzügiges Verhalten währt bis zur letzten Sekunde, vielleicht möchten Sie ja wieder kommen), und Sie sind im Besitz einer Rechnung, die einzurahmen sich lohnt.

Verkehrsmittel

Geliebte haben kein Auto; sie brauchen keines. Öffentliche Verkehrsmittel kennen sie nur vom Hörensagen. Ihr eigener Wagen ist zu auffällig und zieht die Aufmerksamkeit aller auf sich, was man tunlichst vermeiden sollte. Taxis sind schmutzig, werden von Irren und Querulanten gefahren und sind generell unromantisch. Da bleibt Ihnen kaum eine andere Wahl als die Limousine. Die Kosten summieren sich.

4

Ich werde Sie vor Gericht bringen!

Ich empfinde es gewöhnlich als angenehme Pflicht, über die kleinen Extravaganzen zu berichten, die das Leben lebenswert und die Mark erarbeitenswert machen — über die zivilisierten Belohnungen, die jeder Mensch mit einer gesunden Neigung zur Hemmungslosigkeit und einer guten Kreditkarte schätzt. Diesmal werden wir uns jedoch einer ganz besonders kostspieligen Angewohnheit zuwenden — sie wird leider von Tag zu Tag populärer —, die den Millionen von armen Eseln, die dafür zu zahlen gezwungen werden, keinerlei Vergnügen bereitet. Der Theorie zufolge handelt es sich darum, daß die Gerechtigkeit ihren Lauf nimmt. In Wirklichkeit geht es um das Aushändigen hoher Summen an Typen, die man in der Stammkneipe um die Ecke nie sehen möchte.

Es läuft etwas fürchterlich falsch in einer Welt, in der es mehr Juristen gibt als gute Köche. Trotzdem spucken die juristischen Fakultäten der Universitäten Jahr um Jahr neue Horden von Juristen aus, lassen sie auf die Straße, wo sie sich über ärztliche Kunstfehler, Amtsvergehen, Unterhaltszahlung, Abfindungen, zivilrechtliche Delikte, Klageverfahren und weiß Gott was sonst noch alles ereifern, womit sie in den Herzen einfacher, ehrlicher Bürger Angst und Schrecken verbreiten. Es gibt in Manhattan

34

mehrere Büroblocks (Juristen haben einen hochent-
wickelten Sinn für wertvolle Immobilien), wo man
das Risiko eingeht, sich eine Klage zuzuziehen,
wenn man im gedrängt vollen Lift auf ein paar Zehen
tritt. Der Fuß gehört, wie sich herausstellt, einer Säu-
le der juristischen Zunft, und bevor Sie wissen, wie
Ihnen geschieht, flattert Ihnen eine Anklage wegen
schwerer Körperverletzung ins Haus, wie sie der Fall
Schulz gegen Donoghue aus dem Jahr 1923 exempli-
fiziert.

Ich stehe mit meinem Unbehagen nicht allein da. Juristen sind Zielscheibe tiefstempfundener Schmäh-
reden, seit der Mensch genug Intelligenz entwickel-
te, um »Rechtsstreit« schreiben zu können. Ein Bauer
zwischen zwei Anwälten ist »wie ein Fisch zwischen
zwei Katzen«, sagte ein spanisches Sprichwort. »Anwälte und Maler können aus Schwarz bald Weiß machen«, wie das dänische Sprichwort erklärt. »Als erstes laßt uns alle Rechtsgelehrten töten«, sagt Shakespeare. Benjamin Franklin, Thoreau, Emerson und
viele andere gute und tüchtige Männer haben sich
ebenfalls mit trefflichen und wenig schmeichelhaf-
ten Worten zum Thema unserer rechtsgelehrten
Freunde geäußert. Wie kann es da angehen, daß es
trotz solch jahrhundertelanger Unbeliebtheit von
ihnen heute mehr gibt als je zuvor?
Dazu trägt vieles bei, am meisten jedoch das Sprach-
problem. Für ihre eigenen, offenkundigen Zwecke
haben Juristen eine exklusive Kommunikationsform
geschaffen. Sie weist eine entfernte Verwandtschaft
mit der Normalsprache auf und enthält ein Modicum

an Küchenlatein, bei dem es sich, was den Mann auf der Straße betrifft, auch um böhmische Dörfer handeln könnte. Er ist also total perplex, wenn ihn eine Vorladung mit oder ohne Strafandrohung oder ein anderer der zahllosen Pfeile aus dem juristischen Köcher trifft. Was soll das heißen? Was kann er tun? Was sonst, als einen Übersetzer anzuheuern — der ist natürlich Jurist. Und schon haben wir genau die Situation, wie Juristen sie lieben: Die beiden Seiten können sich zu einem längeren Austausch von Hokuspokus und Kauderwelsch herablassen, das ihren Klienten zumeist unverständlich ist, jedoch in toto zu unglaublich hohen Stundensätzen abgerechnet wird. Ferner gibt es da jenes Gesetz, das nicht der Mensch gemacht hat, sondern von der Natur diktiert wird und besagt, daß müßige Hände sich eine bösartige Beschäftigung suchen. Wenn es für die juristische Bevölkerung nicht genug Arbeit gibt, müßte — so wäre es anzunehmen — die Zahl der Anwälte abnehmen, so daß die weniger Erfolgreichen sich nützlicheren Dingen zuwendeten, wie etwa der Klempnerei. Keine Chance. Wenn die Arbeit nicht für alle reicht, wird Arbeit erzeugt. Unterabteilungen des Rechts und ihre Spezialisten schießen wie Pilze aus dem Erdboden, um uns das tägliche Leben zu erschweren und ihnen Ein- und Auskommen zu sichern. Das Ergebnis — Sie haben es nicht mit einem Anwalt, sondern mit einem ganzen juristischen Bataillon zu tun.

Da hat sich der erste beispielsweise auf Immobilien spezialisiert. Er deckt die Fallen im Kleingedruckten des Kaufvertrags für Ihre Wohnung auf (die natürlich ein anderer Anwalt dort versteckt hat). Sie brauchen einen zweiten, der Sie über Details aufklärt, die in Ihrem Arbeitsvertrag eingebaut sind, einen dritten, falls Sie mit dem Finanzamt über die Höhe Ihrer Beiträge zum Haushaltsbudget des Staates uneinig sind, einen vierten, wenn Ihr Arzt einen Kunstfehler macht, einen fünften, wenn Sie sich scheiden lassen wollen, einen sechsten … Die Liste ist bereits zu lang und zu deprimierend, und wir haben noch nicht einmal die Schwelle des Strafrechts oder des am stärksten strapazierten Bereichs einer ohnehin überbesetzten Profession erreicht, nämlich des Handelsrechts. Anwälte überall. Die einzige Stelle, wo Sie keinen Anwalt antreffen, ist unterm Bett. Wenn sie sich jedoch weiterhin vermehren, wird es nicht mehr lange dauern, bis Sie auch unter Ihrem Bett einen finden.

Und weshalb brauchen wir sie? Aus Selbstschutz. Weil die Gegenseite — ob Vermieter, Arbeitgeber, Exfrau, wer auch immer — eine lange und kostspielige Auseinandersetzung einer kurzen und billigen Klärung strittiger Punkte vorzieht und sich dazu eines Vertreters dieses Berufsstandes bedient. Es hat keinen Zweck, daß Sie, ein tumber Laie, meinen, Sie könnten sich in eigener Sache vertreten. Daß Sie unschuldig sind, nützt Ihnen heutzutage gar nichts; unschuldige Naivität kommt Sie teuer zu stehen. Sie würden ohnehin von zehn Wörtern nur eines verstehen. Ihnen bleibt gar keine Wahl. Sie müssen Feuer mit Feuer bekämpfen und Ihren eigenen juristischen Leibwächter anstellen.

Wir müssen es also hinnehmen, daß Anwälte notwendig sind. Das erklärt jedoch nicht, warum man sie so herzhaft verabscheut, warum über sie so oft gelästert und warum ihnen gar mißtraut wird. Um diese Einstellung ihnen gegenüber begreifen zu können, müssen wir uns die Mentalität des Ungeheuers selbst einmal ansehen. Was hält den Anwalt in Bewegung? Das Leitprinzip, das ihm von den ersten Tagen als grüner Student eingehämmert wird, ist dies: Nie und nimmer und unter keinen Umständen einen Irrtum zugeben; zum einen, weil dadurch die berufliche Reputation als Allwissender leiden würde, und zum anderen, weil er sich damit dem entsetzlichen Risiko eines Prozesses wegen Fahrlässigkeit aussetzen würde. Nun ist es aber offensichtlich, daß sich Fehler am ehesten vermeiden lassen, indem man klare Aussagen meidet, die sich im nachhinein als fulminanter Blödsinn herausstellen könnten. Aus dem Grund besteht in juristischen Kreisen die große Vorliebe für zwei Geheimwaffen, die es Generationen von Anwälten erlaubt haben, ohne schöpferische eigene Gedanken den Eindruck großer Weisheit zu vermitteln.

Da gibt es einmal — und besonders schwer zu fassen — den Rückzug in die sogenannte Grauzone, in die ein Anwalt sich stürzt wie ein Kaninchen in den Bau, falls ihn jemand mit einer direkten Frage bedroht. Auf den ersten Blick, so wird er Ihnen erklären, mag Ihnen der Fall überschaubar vorkommen. Er nickt ermutigend und schaut Sie über den Rand seiner Brille hinweg an. Aber es gibt da einige Aspekte, einige abschwächende Faktoren, einige Imponderabilien, ein oder zwei eventuell mildernde Umstände — nein, die Sache ist nicht so klar und eindeutig, wie es dem Laien erscheint. In Wirklichkeit ist dieser besondere Fall eher eine Grauzone.

Wie Sie entdecken werden, wenn Sie das Unglück haben, oft davon betroffen zu sein, besteht die Juristerei fast gänzlich aus Grauzonen, und Anwälte beziehen ihren Ruf aus der Fähigkeit, sich Gelegenheit zu verschaffen, professionell nichtssagende Unverbindlichkeiten zu äußern. Lichtstreifen von Klarheit kommen in solchen Verschleierungsnebeln nur dann auf, wenn Ihr Fall die exakte Wiederholung eines anderen Falles ist, in dem vor fünfzig Jahren ein klares Urteil ergangen ist, das in der Zwischenzeit nicht angefochten wurde. Dann wird voller Triumph die zweite Geheimwaffe zum Einsatz gebracht.

Ein Präzedenzfall! Welch wunderbare, arbeitssparende, *endgültige* Sache! Wenn ein Anwalt keine Antwort weiß, sucht er nach einem Präzedenzfall. Wenn er seinem Kontrahenten schmeicheln will, zitiert er einen Präzedenzfall. Wenn er einen empfohlenen neuen Weg nicht billigt, argumentiert er, dafür gebe es keinen Präzedenzfall. Aber was bedeutet das eigentlich? Nur die Meinung eines anderen Juristen, die mit dem Verlauf der Zeit alt und ehrwürdig geworden ist — aber sie ist immer noch bloße Meinung. »Präzedenz« ist wahrscheinlich der mit Abstand beliebteste Begriff im Wortschatz des Juristen. Gegenüber dem Begriff der Grauzone hat er den großen Vorteil, daß er es den Anwälten erlaubt, sich zu entscheiden, ohne für die Entscheidung irgendwelche Verantwortung tragen zu müssen.

Doch genug solcher herabsetzender Bemerkungen

über die Verschlagenheit der juristischen Persönlichkeit. Gehen wir weiter zur Frage von Gebühren und Kosten, denn an diesem Punkt ändert sich die Haltung des gewöhnlichen Menschen. Aus vorsichtigem Mißtrauen wird wilde Empörung.

Wir alle haben schon von Prozessen gelesen, in denen die Verfahrenskosten in die Hunderttausende gingen und die strittigen Summen sich auf Millionen beliefen. Diese Zahlen sind, wie das Haushaltsdefizit des Staates, so absurd hoch, daß es unmöglich ist, sie ernst zu nehmen. Sie sind irreal. Sie liefern uns jedoch drastische Beispiele für den allen Juristen eigenen Drang, eine Sachlage bis auf den letzten Groschen auszuquetschen. Das hat nicht unbedingt damit zu tun, daß die Strafe dem Verbrechen adäquat sein sollte; auch nicht mit dem Wunsch, der Gerechtigkeit zur entsprechenden Wertschätzung zu verhelfen. Es handelt sich bloß um die natürliche und unvermeidliche Folge der Krämermentalität.

Die haben nämlich alle Juristen. Sie können ihr einfach nicht widerstehen. Sie liegt ihnen im Blut. Das zeigt sich auf allen Ebenen vom Millionenprozeß bis zum kleinsten, belanglosesten Vorfall. Wenn ein Pfund Fleisch nicht gleich verfügbar ist, werden ein paar hundert Gramm es auch tun. Ich selbst habe einmal für einen Kaffee und ein zehnminütiges Gespräch zweihundert Dollar zahlen müssen; denn die Plauderei hat in einer Kanzlei stattgefunden. Ein Freund von mir ist von seinem Anwalt tatsächlich für ein Telefongespräch belangt worden, in dem er diesen Anwalt zum Abendessen einlud. Ich habe ihn nicht gefragt, ob ihm auch die Zeit in Rechnung gestellt worden ist, in der der Anwalt umsonst essen durfte. Überrascht hätte es mich nicht.

Die genauen Zahlen sind mir nicht bekannt. Man hat mir aber berichtet, daß die momentane Zuwachsrate bei den Juristen die der Gesamtbevölkerung übersteigt. Anwälte werden ausgebrütet wie Hühner. Es ist nur noch eine Frage der Zeit, bis ganz Amerika überlaufen sein wird. Es wird dann überall so sein wie in jenem Viertel von Los Angeles, das mehr Juristen als Einwohner beherbergt. Dann werden die wohlhabenderen Familien Anwälte im Haus haben. Prozessieren, einst das Hobby der Reichen, wird als Freizeitbeschäftigung Baseball und Football ersetzen, und die Berlitz School wird Kurse zum Erlernen des juristischen Jargons anbieten. Ich sehe die Zukunft schon vor uns. Sie ist eine Grauzone.

5
Welche Seite ziehen Sie an?

Von den vielen kleinen Erniedrigungen, die wir im Leben zu erdulden haben, ist die möglicherweise teuerste und auch schmachvollste der erste Besuch bei einem Maßschneider für Herren — insbesondere, wenn es sich um einen Herrenschneider in London handelt, dessen Ahnen Reithosen für Lord Nelson oder *Moiré*-Jagdunterwäsche für den Prinzregenten anfertigten. Da stehen sie nun, diese Herren des feinen Tuchs, in ihrem Korsett aus bestem Kammgarnstoff, in ihrer Umgebung von Wandtäfelung aus Mahagoni und eingerahmten (vermutlich noch immer nicht bezahlten) Rechnungen für Oscar Wildes Gehrock, und warten auf Unschuldige wie unsereins, die das Verlangen nach einem maßgeschneiderten Anzug treibt.

Sie mustern einen sowie das, was man stets für einen besonders schicken Anzug gehalten hat und deshalb extra für diese Gelegenheit angezogen hat, mit höflich abschätzendem Blick. »Doch«, murmeln sie schließlich, »ich denke, wir können ein bißchen mehr als *so etwas*.«

Nachdem sie Ihren Anzug beleidigt haben, lassen sie sich zu der ernsten Aufgabe herab, Ihre Körpermerkmale aufzuzeichnen. Dabei handelt es sich um eine einstudierte Doppelnummer: Der Mann mit dem Zentimetermaß liefert kryptische Kommentare, und sein Schreiber hält Ihre physischen Defekte in einem großen Buch fest, das bereits von anderen Deformationen ausgebeult ist. Das Ganze ist keine offene Beleidigung. Es ist nur so, als ob Sie ein taubes, seelenloses und unpraktisch geformtes Objekt wären, das so taktvoll wie möglich verhüllt werden muß.

Viele Kommentare muten fremd an. Keiner klingt schmeichelhaft. Sie versuchen verzweifelt, passiv zu bleiben. Sie hören mit und hören von Dingen, von denen Sie gar nicht wußten, daß sie mit Ihnen zu tun hatten: eine schwache linke Schulter, ein niedriger Brustkorb, eine leichte Lordose im unteren Rückenbereich, die Andeutung eines Buckels, Beine ungleicher Länge — »Ist das unsere normale Körperhaltung, Sir?« — und noch mehrere andere Offenbarungen, die einfach zu gräßlich sind, um bekanntgemacht werden.

Inzwischen haben Sie nur noch die Sorge, schnellstmöglich zum Arzt zu laufen, aber das Pflichtgefühl hält Sie zurück. Sie haben nun den Stoff zu wählen und eminent wichtige Entscheidungen zu treffen wegen Knöpfen, Klappen, Schlitzen, Revers und dem Nähen allgemein — über all jene geheimnisvollen Details also, deretwegen ein maßgeschneiderter Anzug um so vieles befriedigender ist als in der Fabrik hergestellte Konfektionsware. Das müßte eigentlich eine wirklich genußvolle Erfahrung sein, die ein bis zwei Stunden dauert und Sie in die Stimmung für ein Glas Champagner versetzt. Leider hat die Erkenntnis, daß Sie bloß ein Wesen mit Haltungsschäden sind, Sie jedoch demoralisiert. Ihre Entschlußkraft ist gelähmt. In solch geschwächtem Zustand lassen Sie sich widerspruchslos von einem Schneider in den Standardanzug bugsieren. Gewiß, er ist besser als Ihre früheren Anzüge, aber doch nicht ganz das, was Sie sich eigentlich vorgestellt hatten.

Nach meinem ersten Maßanzug habe ich mich einige Jahre lang beleidigt zurückgezogen. Und doch kehrte der Drang von Zeit zu Zeit wieder, einen ganzen Morgen mit Stoffmustern zu verbringen und mit einem anteilnehmenden Menschen über Hornknöpfe zu debattieren, der mir nicht das Gefühl geben würde, ich sei ein mit Schecks ausgestatteter Einkaufskorb.

Gab es keinen solchen Schneider mehr? Doch, es gab ihn noch, laut George, dem eleganten Antiquitätenhändler in London. Zwischen George und seinem Schneider bestand eine Beziehung, die weit über das mechanische Maßnehmen eines Innenbeines und dem wechselseitigen Tausch von Geld und Anzug hinausging. George und sein Schneider waren Freunde. Und George hatte die besten Anzüge, die ich je gesehen hatte. So einen Anzug wollte ich auch. Nein, ein halbes Dutzend. Vor allem aber wollte ich einen Schneider, in dessen Gegenwart ich mich wohl fühlte. Und so nahm ich meine schwache linke Schulter, meine Lordose und die beiden ungleich langen Beine und begab mich zum Haus Nummer 95 an der Mount Street in Mayfair, um mit Douglas Hayward Bekanntschaft zu machen.

Sein Geschäft bildete einen kompletten Gegensatz zu der Wandtäfelung und verstaubten Innenausstattung, wie sie bis heute von den tragenden Säulen der

Zunft der Herrenmaßschneider bevorzugt werden. Es gleicht eher einem Wohnzimmer, nur daß die Regale nicht mit Büchern, sondern mit Hemden und Krawatten und Pullovern gefüllt sind. Dort sitzen stets ein paar Leute herum, die sich diskret beleidigen. Aus dem Arbeitsraum dringt Musik. Es gehen besorgte Anrufe ein von Klienten, die einmal zu oft zu Mittag gegessen haben und sich die Hosen weiter machen lassen müssen. Es treffen schwarze Londoner Taxis ein, um Anzüge zu den Hotels CLARIDGE'S und DORCHESTER oder zum Los-Angeles-Flug nach Heathrow zu transportieren. Auf fünf Minuten schauen Handelsvertreter mit Wolle und Leinen und Cashmere und Leder herein und bleiben eine halbe Stunde auf eine Tasse Tee. Das Ganze ist überhaupt nicht beklemmend. Ich sage das als Mensch, dem leicht beklommen zumute ist.

Hayward selbst ist so entspannt wie sein Geschäft. Im Unterschied zu den meisten Schneidern, die Anzüge von solch steifer Perfektion tragen, daß sie völlig unnatürlich wirken, ist er vorteilhaft gekleidet, und das in Sachen, die mit dem üblichen Ausmaß körperlichen Bewegungsdrangs harmonieren. (Gewisse englische Schneider sind sich bis heute ihres Erbes aus dem achtzehnten Jahrhundert mit seinen militärischen Uniformen so bewußt, daß ihre Anzüge nur glücklich scheinen, wenn sie strammstehen.)

Die nächste angenehme Überraschung besteht darin, daß einem gar nicht bewußt wird, daß man auf seine »gewandlichen« Verbrechen hin gemustert wird. Sie können für eine Anprobe in Shorts und Hawaiihemd erscheinen, ohne daß dies ein Hochziehen der Augenbrauen verursachen würde. Ich habe dort einmal einen Kunden erlebt, der in Hemd und Krawatte dastand und einen Kaffee trank, während im hinteren Raum seine Hosen gebügelt wurden. In solch einer Atmosphäre muß man sich fast zu Hause fühlen. Das Bestellverfahren für einen Anzug ist also genau so, wie es sein sollte — informell, freundlich und ohne Eile. Da spielt sich alles ungefähr so ab:

Ihr erster Besuch wird wahrscheinlich etwa eine Stunde dauern. Die verbringen Sie hauptsächlich mit Plaudern mit Hayward. Wenn das Maßnehmen endlich beginnt, hat er bereits eine gewisse Vorstellung von Tuch und Schnitt. Falls Sie — wie die meisten Männer — keine spezifischen Anforderungen stellen, orientieren Sie sich am besten an seinen Vorschlägen. Irgend jemand muß die Verantwortung für Ihren Anzug tragen, und dafür ist er besser geeignet als Sie.

Er führt Sie zum Maßnehmen ins hintere Zimmer. Der Vorgang verläuft, soweit das beim Maßnehmen der Taille möglich ist, völlig untraumatisch, und inzwischen besprechen Sie mit ihm die relativen Vorzüge von Hopfensack oder Flanell, Ziersäume, Seitenschlitze, versteckte Jackentaschen und die intimste Frage überhaupt — ob Sie Ihre Genitalien östlich oder westlich vom Reißverschluß unterbringen lassen wollen. In der Schneidersprache heißt das »nach links oder nach rechts kleiden«, und bei dem entsprechenden Hosenbein wird zusätzlich Platz geschaffen. Wie Sie sich vorstellen können, sind Sie in der Situation viel zu beschäftigt, um auf das Murmeln der Instruktionen zu achten, die im Buch eingetragen werden. Die Tortur mit dem Zentimetermaß verläuft völlig schmerzlos.

Nachdem die Maße genommen, das Tuch ausgesucht und der Stil beschlossen sind, verlassen Sie Hayward. Er schneidet Ihr Muster und das Material zu. Seine Assistenten tragen zusammen und nähen. Die Anzüge werden an Ort und Stelle gefertigt. (Da Hayward eine richtige Schneiderlehre gemacht hat, kann er einen Anzug auch komplett selbst anfertigen — was selten ist und immer seltener wird. Zur Zeit gibt es nur vier Schneiderlehrlinge im Londoner Westend, dort, wo es früher Hunderte gegeben hat.)

Etwa ein Monat vergeht, dann kehren Sie zurück, zur ersten Anprobe. Wenn Sie nicht wissen, was Sie erwartet, kann dies eine Überraschung bedeuten. Denn kaum, daß Sie ein vorsichtig bewunderndes Auge auf das Bild im Spiegel werfen, stürzt Hayward auf Sie zu, mit einem Mund voller Nadeln, und reißt die Ärmel vom Jackett herunter. Es folgen ein paar hektische Minuten des Anpassens und Absteckens und des Kritzelns von Kreidehieroglyphen auf den Anzug, bis er zurücktritt und wie ein Bildhauer einen prüfenden Blick auf das unvollendete Kunstwerk wirft. Ein letztes Zucken der Kreide, und Sie trennen sich von Ihrem Anzug, bis zur nächsten Anprobe. Der Anzug wird jetzt vollständig auseinandergenommen, die Nähte glattgebügelt, Änderungen gemäß des Kreidecodes durchgeführt. Dann wird er wieder zusammengebaut, diesmal mit den endgültigen Handnähten, die eine der feinen, aber unverkennbaren Merkmale des Maßanzugs darstellen. Eine zweite Anprobe dreht sich um etwaige letzte kleine Falten und Kniffe. Der Vorgang beansprucht insgesamt etwa sechs Wochen, für Anschlußbestellungen weniger. (Informelle Zustellungen in die USA erfolgen, wann immer Hayward nach New York oder Los Angeles reist. Meist trifft er für amerikanische Kunden mit zwanzig Anzügen über dem Arm ein.) Dann gehört der Anzug voll und ganz Ihnen. Sie brauchen sich nicht im Spiegel zu betrachten. Sie fühlen, daß er richtig sitzt. Er wirkt bequem. Aber neu fühlt er sich nicht an. Die Schultern sind nur minimal gefüttert; da gibt es nichts von der lästigen Polsterung um den Brustkorb, der so vielen Londoner Börsianern das Aussehen von ausgestopften Nadelstreifenfischen verleiht. Das soll nicht heißen, daß Ihr Anzug, um die momentan gängige Redeweise zu gebrauchen, »ohne Façon« ist. Er wird eine anmutige, nahezu sinnliche Linie zum Revers aufweisen.

Er wird Ihnen weich auf den Schultern sitzen. Er wird sich dem Halsansatz, wo schlechtgeschnittene Anzüge immer einen Wulst haben, auf die bequemste Weise anpassen. Die Ärmelknöpfe lassen sich aufmachen, so wie es sein sollte. Hinter dem linken Revers wird sich eine winzige Schlaufe befinden, damit der Stengel der Blume Ihres Knopflochs sich fest verankern läßt. Mit anderen Worten, Ihr Anzug wird durchkonstruiert sein. Aber bequem.

Sie werden in ihm auch ein bißchen schlanker wirken und außerdem vielleicht fünf Zentimeter größer erscheinen als in weniger gutsitzenden Anzügen. Und solange Sie nicht in einer Saison wie ein verknitterter Fallschirm und in der nächsten Saison wie ein Statist im Film *Brideshead Revisited* aussehen wollen, werden Sie Ihren Anzug während der nächsten fünfzehn bis zwanzig Jahre mit wachsendem Vergnügen tragen. Er wird nie altmodisch. Hayward macht keine modischen Anzüge.

Leider macht er auch keine billige Kleidung. Die Preise beginnen bei etwa zweitausend Mark für einen Anzug und bei tausendfünfhundert für ein Jackett. Was uns zu der einen Gemeinsamkeit zwischen Hayward und den traditionellen Maßschneidern bringt. Als ich fragte, was der schwierigste Teil beim Schneidern von Herrenanzügen sei, antwortete er prompt: »Bezahlt zu werden.« Das ist das ewige Problem zwischen den Herren und ihren Schneidern.

6

Der Pilz des Millionärs

Ein kalter winterlicher Morgen in der Provence. Das Café in dem kleinen Dorf macht mit Frühstücksportionen von *marc* und Calvados ein Geschäft. Beim Eintritt von Fremden bricht das Gemurmel abrupt ab. Draußen stehen dicht gedrängt, doch ungesellig, Männer, treten sich die Füße warm und betrachten, beschnuppern und wiegen irgend etwas, das mit beinahe ehrfürchtiger Achtsamkeit behandelt wird. Geld wechselt die Hände, dicke, schmutzige Bündel von Geldscheinen, 100-, 200- und 500-Francs-Noten, die mit mancherlei Daumenlecken und Blicken über die Schulter nachgezählt werden.

Das Dorf liegt nicht einmal zwei Stunden Autofahrt von Marseille entfernt, und man meint zunächst, man beobachte da ein Treffen ländlicher Heroindealer. Doch diese Männer wissen nichts von Drogen, gleichgültig welcher Art. Sie handeln mit einer legalen Substanz, obwohl ihre Marketingmethoden gelegentlich fragwürdig erscheinen mögen. Sie verkaufen, zu Wahnsinnspreisen, warzig verkrustete, erdverdreckte Brocken von Pilzen: Sie handeln mit frischen Trüffeln.

Der unkonventionelle Markt ist der Beginn eines Prozesses, der zur Tafel der Dreisternerestaurants und zu den Ladentheken Pariser Delikatessengeschäfte wie Fauchon und Hédiard führt. Doch selbst hier, in diesem Niemandsland, wo man von Männern kauft, die Dreck unter den Fingernägeln haben und denen noch der Knoblauch vom Tag zuvor im Atem liegt, die verbeulte, asthmatische Autos fahren und statt der Attachéköfferchen aus dem Hause Vuitton alte Einkaufskörbe oder Plastiktaschen benutzen — selbst hier sind die Preise, wie es so schön heißt, *très sérieux*. Trüffel werden nach Gewicht verkauft; die Maßeinheit ist ein Kilogramm. In diesem Jahr kostet Sie ein Kilogramm Trüffel auf dem hiesigen Dorfmarkt mindestens zweitausend Francs oder sechshundert Mark, und die werden Sie bar auf die Hand zahlen müssen. Schecks werden nicht akzeptiert, und es gibt auch keinerlei Quittungen, weil der *truffiste* keine Lust hat, sich an dem verrückten System zu beteiligen, das unter dem Namen Steuern läuft.

Es beginnt also mit zweitausend Francs das Kilogramm. Mit ein klein wenig Nachdruck von verschiedenen Mittelsmännern wird sich der Preis wahrscheinlich verdoppelt haben, wenn die Trüffel ihre spirituelle Heimat in der Küche von Bocuse oder Troigros erreichen. Oder Sie können, wenn sie selbst ein mutiger, wohlhabender Koch sind, auf dem Heimweg von der Arbeit bei Fauchon vorbeischauen und sechstausend Francs für ein Kilo bezahlen. (Dafür werden dort Schecks akzeptiert.)

Es gibt mehrere Gründe, warum solch scheinbar irrwitzige Preise noch immer gezahlt werden und Jahr für Jahr weiter steigen. Der erste ist, daß nichts auf Erden so gut riecht oder schmeckt wie frische Trüffel. Schon ein kleines Stück, nicht einmal von der

Größe einer Walnuß, reicht aus, um den Geschmack eines ganzen Gerichts zu verwandeln. Das Aroma ist beschrieben worden als »göttlich und leicht suspekt wie alles, das wirklich gut riecht«. Es ist außerdem ungemein aromatisch. Er kann ganze Schichten von Papier und sogar von Plastik durchdringen, ein Hauch genügt. Eine konzentriertere Dosis einzuatmen wäre des Guten zuviel; es würde Ihnen jeden weiteren Gedanken ans Essen verderben, weil der Geruch intensiv und faulig ist. Doch mit Vorsicht verwendet, ist der Trüffel ein unvergleichlicher Genuß und entspricht der Beschreibung von Brillat-Savarin: »ein Luxus der großen Herren und ausgehaltenen Frauen«. (Der berühmte Gastronom des neunzehnten Jahrhunderts spielt damit vermutlich auf die angeblichen Wirkungen der Trüffel als Aphrodisiakum an, die wissenschaftlich bis heute nicht nachgewiesen sind.)

Angesichts hochentwickelter Techniken von Zuchtpflanzen möchte man annehmen, daß Trüffel heutzutage wie jede andere Delikatesse auch auftragsgemäß gezüchtet und geerntet werden könnten — was den Preis um einige Nullen reduzieren würde. Die Franzosen tun, was sie können, weiß Gott. Im Vaucluse stößt man recht häufig auf Felder, wo irgendein Optimist Trüffeleichen angepflanzt und auf Schilder »BETRETEN VERBOTEN« gemalt hat. Doch die Vermehrung der Trüffel ist eine Sache des Zufalls, auf die nur die Natur sich versteht — womit sie den Preis erhöht. Menschliche Anstrengungen zum Züchten von Trüffeln haben nicht weit geführt. Solange es so bleibt, gibt es nur eine Möglichkeit, an frische Trüffel zu kommen, ohne ein Vermögen auszugeben, und das ist die gute alte Methode.

Es kommt auf den richtigen Zeitpunkt an; außerdem braucht man Geduld und entweder ein Schwein oder einen ausgebildeten Hund. Trüffel wachsen ein paar Zentimeter unter der Erde an den Wurzeln bestimmter Eichen oder Haselnußbäume. Während der Saison — von November bis März — können Sie sie mit der Nase aufspüren, sofern Sie über ein hinreichend empfindliches Exemplar verfügen. Der optimale Trüffeldetektor ist das Schwein; ihm ist die Liebe für den Geschmack von Trüffeln angeboren. Im Geruchssinn ist es Hunden überlegen. Leider gibt es jedoch ein Problem: Das Schwein gibt sich nicht damit zufrieden, mit dem Schwanz zu wedeln und zu zeigen, wo es die Trüffel entdeckt hat. Es will die Trüffel fressen, und ein Schwein nahe der gastronomischen Ekstase ist so leicht nicht abzulenken. Es ist auch nicht von einer Größe, die sich mit einer Hand in Schach halten läßt, während man mit der anderen Hand die Trüffel rettet. Es wiegt über einen Zentner und steht vor Entschlossenheit unverrückbar da. Was Sie auch anstellen — es läßt sich nicht zur Seite schieben. Angesichts solch elementaren Konstruktionsfehlers nimmt es nicht wunder, daß der leichtgewichtigere und gehorsamere Hund an Popularität gewinnt.

Im Gegensatz zum Schwein sucht der Hund nicht instinktiv nach Trüffeln. Er muß dafür ausgebildet werden. Sie nehmen also zunächst einmal etwas, was der Hund mag — ein Stück Wurst beispielsweise —, und reiben es mit einem Trüffel ein oder tunken es in

Trüffelsaft, damit der Hund den Trüffelgeruch mit einem Geschmack himmlischer Freßfreuden assoziiert. Schritt für Schritt — oder, wenn Sie das große Glück haben, einen hochintelligenten Hund zu besitzen, in großen Sprüngen — wird der Hund Ihre Begeisterung für Trüffel teilen lernen und nach Wochen oder Monaten zu Feldforschungen bereit sein. Wenn Ihr Training gründlich gewesen ist, Ihr Hund das rechte Temperament besitzt und Sie wissen, wo man zu suchen hat, könnten Sie das Glück haben, sich in Gesellschaft eines *chien truffier* zu finden, der Ihnen den Weg zum verborgenen Schatz weist. Und in dem Moment, da er zu graben beginnt, bestechen Sie ihn mit Würstchen, um mit eigener Hand freizulegen, was sich hoffentlich als ein großer Klumpen des schwarzen Goldes erweist. (So wird es von den Einheimischen genannt, weil das Innere eines Trüffels von dem tiefsten, schwärzesten Schwarz ist, das Sie je gesehen haben. Neben einer Trüffel wirkt eine schwarze Olive blaß.)

Es gibt für Unglückselige, die weder Hund noch Schwein besitzen, eine dritte Methode. Auch hier müssen Sie wissen, wo Sie zu suchen haben, aber diesmal müssen Sie außerdem die richtige Witterung abwarten. Wenn die Sonnenstrahlen auf die Wurzeln einer verdächtig wirkenden Eiche fallen, nähern Sie sich mit einem Stock und stochern vorsichtig am Fuß des Baumes herum. Wenn eine aufgeschreckte Fliege aus der Vegetation aufsteigt, so markieren Sie die Stelle. Sie haben möglicherweise eine Angehörige jener Fliegenfamilie erschreckt, die genetisch programmiert ist, ihre Eier auf Trüffel zu legen (womit sie zweifelsohne ein gewisses *je ne sais quois* an geschmacklicher Eigenart beisteuert). Die Bauern im Vaucluse haben diese Technik gewählt, weil das Herumwandern mit dem Stock weniger auffällt und sie ihre Suche somit leichter geheimhalten können. Trüffeljäger möchten ihre Fundorte gern schützen.

Wie Sie sehen, handelt es sich um eine arbeitsintensive, nicht planbare und ziemlich schwierige Angelegenheit. Und nirgends ist sie schwieriger als beim Verkauf. Zugegeben, es hat noch keinen Trüffelskandal gegeben, der sich mit der bösen Geschichte in Bordeaux vor einigen Jahren vergleichen ließe, doch es gibt Gerüchte, daß nicht jede Transaktion mit skrupelloser Ehrlichkeit durchgeführt wird. Wenn ein potentieller Kunde so geschmacklos ist, solch bösartige Gerüchte einem Trüffelmann gegenüber zu erwähnen, so wird ihm als Antwort ein unschuldiges Achselzucken zuteil werden — Unverständnis, daß der Mensch so tief sinken kann. Ich habe deshalb auch keine Beweise für die angeblichen Gaunereien, die ich nachfolgend erwähne.

Sollte der erste Fall sich wirklich zugetragen haben, so wäre es ohnehin fast unmöglich, ihn zu beweisen. Im schönen Frankreich ist natürlich alles genießbar. Doch gewisse Gegenden haben den Ruf, beste Qualität hervorzubringen. Die besten Oliven kommen aus Nyons, der beste Senf aus Dijon, die besten Melonen aus Cavaillon, die beste Sahne aus der Normandie und so weiter. Die besten Trüffel kommen nach allgemeiner Überzeugung aus dem Périgord im südwestlichen Frankreich. Natürlich zahlt man für sie mehr. Aber woher wollen Sie wissen, daß die Trüffel, die Sie in Cahors kaufen, nicht ein paar hundert Kilometer entfernt im Vaucluse ausgebuddelt worden sind? Entweder Sie wissen es und vertrauen Ihrem Lieferanten, oder Sie können sich eben nicht sicher sein. Einer Insiderinformation zufolge beträgt die Ziffer »naturalisierter« Trüffel, die im Périgord verkauft, aber anderswo gewachsen sind, mindestens fünfzig Prozent.

Dann gibt es noch die merkwürdige Sache mit den Trüffeln, die zwischen dem Verlassen des Erdbodens und dem Erreichen der Waage auf irgendeine Weise an Gewicht zulegen. Mag sein, daß sie mit einer Extraschicht Erde als Geschenkverpackung eingewickelt worden sind. Andererseits ist es auch möglich, daß eine viel schwerere Substanz ihren Weg ins Innere der Trüffel gefunden hat — unsichtbar, bis Ihr Messer auf ein Stückchen Metall stößt.

Wenn Sie derartige Geschichten gehört haben, werden Sie eventuell beschließen, den Erwerb frischer Trüffel den Fachleuten zu überlassen und Trüffel in der Dose zu kaufen. Sie werden ein wenig Geschmack verloren haben, schmecken aber noch immer gut, und teuer sind sie auch noch. Sie sind allerdings nicht unbedingt französisch. Es hat Hinweise gegeben, daß gewisse französische Dosen mit französischen Etiketten in Wahrheit italienische oder spanische Trüffel enthalten. Wenn das stimmt, dürfte es sich um eine besonders gewinnträchtige Methode der Kooperation in der EG handeln.

Und doch, trotz allem Flüstern über Tricks und trotz der Preise, die Jahr um Jahr absurder werden — die

Franzosen folgen nach wie vor ihren Nasen und greifen in die Taschen, manchmal mit einer Großzügigkeit des Geistes und einem gastronomischen Entzücken, darüber zu erzählen sich lohnt.

Hier ein Beispiel.

Mein Lieblingsrestaurant in der näheren Umgebung wird zur Zeit von den Inspektoren des Guide Michelin nicht verwöhnt, vielleicht, weil es auch als Dorfbar und als Hauptquartier des örtlichen *boules*-Vereins dient und daher nicht genügend Staat macht. Vorn sitzen alte Männer beim Kartenspiel; die Gäste des Restaurants essen im hinteren Raum, und sie essen Speisen, die nach meiner eigenen Erfahrung wenigstens einen Stern verdienen. Die Preise sind in Ordnung. Der Besitzer kocht selbst; Madame, seine Frau, nimmt die Bestellungen entgegen; andere Familienmitglieder helfen beim Servieren und in der Küche. Es ist ein nettes Lokal, gleich um die Ecke, ohne falschen Ehrgeiz, beim kulinarischen Zirkus mitzumachen, der begabte Köche zu Markenzeichen degradiert und angenehme Restaurants in Tempel der Spesenritter verwandelt.

Der *chef* liebt frische Trüffel. Er hat seine Lieferanten, und er zahlt, wie alle zahlen müssen, bar auf die Hand, ohne dafür eine Quittung zu erhalten. Trüffel stellen für ihn einen beträchtlichen und regulären Kostenfaktor dar, den er aber nicht gegen seine Einnahmen verrechnen kann, weil er die Ausgaben nicht mit einem Stück Papier zu belegen vermag.

Zudem lehnt er es ab, die Preise auch für Speisen, die mit Trüffeln gespickt sind, so hoch anzusetzen, daß er seine Kunden beleidigen würde. (Im Winter gibt es in der Provence nur ortsansässige Kundschaft, die mit ihrem Geld haushält. Das verrückte Geld kommt nicht vor Ostern.)

Ich ging eines kalten Dezemberabends dort hin, um zu essen. Auf dem Tisch stand ein Kupferkrug, der Trüffel im Wert von mehreren tausend Francs enthielt, die steuerlich nicht abgesetzt werden konnten. Der Speisekarte zufolge gab es Omeletts mit frischen Trüffeln. Madame gab sich alle Mühe, das völlig inadäquate Verhältnis zwischen dem Rohstoffpreis und dem Preis auf der Speisekarte mit Fassung zu tragen. Ich fragte, warum ihr Mann das so anbot. Schulterzucken. »*Pour faire plaisir*«, sagte sie — um Menschen Freude zu machen. Ich bekam mein Omelett. Es schmeckte himmlisch.

Ein Hinweis für die Anhänger weißer Trüffel: Die besten kommen aus Piemont. Da Piemont durch einen geographischen Irrtum in Italien liegt und die Franzosen durch und durch Chauvinisten sind, wird weißen Trüffeln nicht die gleiche Achtung erwiesen wie ihren schwarzen Cousins.

7

Geliebte alte Sachen

Es ist eine Art Sport geworden. Von den künstlerisch eingerichteten Boutiquen in SoHo und Greenwich Village zu den Flohmärkten von London und Paris, vom Zentrum New Yorks bis hin zum endlosen Asphalt von Los Angeles verbringen Hunderttausende von hoffnungsvollen, kauflustigen Menschen ihre Wochenendnachmittage damit, die Hausratsreliquien anderer Menschen durchzustöbern. Der Sport ist so populär geworden, daß er ein neues unschönes Verb in Umlauf gebracht hat. Man geht »antiken«.

Worin besteht eigentlich der Reiz von Nachttöpfen aus dem achtzehnten Jahrhundert, von wurmzerfressenen Schränken, von viktorianischen Porträts molliger Nymphen und trüben Spiegeln mit Sprüngen? Brauchen wir in unseren bequemen, wohlausgestatteten Wohnungen einen Regenschirmständer, der aus dem Hinterbein eines Elefanten gemacht wurde? Einen Refektoriumstisch mit einer Neigung von zehn Prozent in der Platte? Eine zerbeulte Pfanne, die mit Sicherheit auf der Herdplatte ruckelt? Einen Spucknapf? Einen Kerzenhalter? Nein, natürlich brauchen wir all diese Dinge nicht. Aber wir kaufen sie uns — oft zu lächerlich hohen Preisen — und beglückwünschen uns dann zu unserem guten Geschmack und sicheren Auge: Diese schmutzüberzogene, nach hundert Jahren Staub riechende, der Totalrenovierung bedürftige Antiquität ist *ein phantastischer Kauf.*

Eine blühende internationale Industrie ist entstanden, um unsere diebischen Instinkte zu bedienen. Sie liefert Kommoden aus Wales nach Kalifornien, Decken aus Pennsylvanien nach Genf, Cherubim aus Italien nach Manhattan — hin und her geht es über den Atlantik, und jedesmal, wenn etwas den Besitzer wechselt, werden dem Preis noch ein paar Nullen angehängt. Doch wir kaufen weiter. Warum?

Der Grund, der dafür gewöhnlich angegeben wird, zollt dem ewigen Optimismus des Menschen Tribut (den die Geschichte als gefährlich fehlgeleitetes Gefühl entlarvt hat): Wir glauben, ein Schnäppchen zu machen. Anderen Menschen unterlaufen kostspielige Fehler, aber doch nicht uns, obwohl wir durch Erfahrung wissen, daß Schnäppchen so selten sind wie ein kostenloses Mittagessen.

Und wenn wir angesichts der Zweifel, die ein ungläubiger Freund bei dem Preis anmeldet, den wir für einen Jugendstil-Mantelständer bezahlt haben, schwankend werden in unserer Überzeugung, kurzfristig ein gutes Geschäft gemacht zu haben, so können wir uns immer mit der Entschuldigung zurückziehen, eine langfristige Investition getätigt zu haben. Vielleicht sieht das momentan nach viel Geld aus — dann wollen wir mal fünf Jahre abwarten. Nach Aussage des Händlers (ein Optimist von Berufs wegen, der sich über architektonische Grenzen keine Gedanken macht) werden Mantelständer durch die Decke gehen.

Eine Chance, daß dem wirklich so ist und ein paar hundert Mark sich um Tausende vermehren, besteht durchaus. Doch wenn Sie nicht zufällig selbst in der Branche tätig sind und kaufen und verkaufen, liegt darin nicht das wahre Motiv. Der echte Antiquitätenliebhaber ist im buchstäblichen Sinne des Wortes ein Amateur. Er kauft aus Liebe, um sich auf angenehme Art zu verwöhnen; er betreibt ein Hobby, das ihm eine Reihe von Befriedigungen bietet.

Da ist erstens das Faktum, daß er das Alte dem Neuen vorzieht. Selbstverständlich ist die alte Fichtenholzkommode nicht so praktisch wie ein Gegenstand, der letzte Woche in einer Fabrik in Nordrhein-Westfalen zusammengebaut worden ist; das Holz wird ein wenig verzogen sein, die Schubladen werden klemmen, die Handgriffe sind lose. Aber trotz allem besitzt sie einen Charme, der ihre Unzulänglichkeiten wieder wettmacht. Glanz und Glätte des Holzes sind eben so, wie sie sich nach jahrelangem Gebrauch ergeben. Die Form ist nicht regelmäßig, weil das gute alte Stück mit der Hand gesägt und gehobelt und behandelt wurde. Die Kommode hat etwas von der Persönlichkeit des Herstellers; das macht sie einzigartig. Und deshalb beschließt der Amateur, sie zu kaufen. Und das Vorspiel, das zum Verkauf führt, ist schon für sich ein Vergnügen. Zeitweilig legt er die Rolle als Kenner von allem ab, das alt und schön ist; er wird der unerbittliche Händler, sogar der Fürst der Händler, der Schnäppchenjäger *extraordinaire*, oder er würde es werden, wenn er den Humbug verstünde, der auf dem Preisschild notiert ist.

Antiquitätenhändler haben die lästige Angewohnheit, ihre Preise kodiert zu notieren. Manchmal werden Zahlen einfach nur durch Buchstaben ersetzt; dann entspricht A der Ziffer 1, D der Zahl 4 und so fort. Häufiger noch werden Buchstaben kompliziertere Werte verliehen, die, außer für den Händler, für niemand sonst einen Sinn ergeben. Aus diesem Grund ist unsere Kommode gekennzeichnet mit »XPT«.

Was hat das zu bedeuten? Würde er bei raschem Kauf in bar XOS akzeptieren? Warum kann der Gauner seine Preise nicht in Mark und Pfennigen angeben wie andere Geschäftsleute auch? Was wird hier für ein Spiel gespielt?

Das Spiel heißt »den Preis dem Kunden anpassen«. Während Sie die Kommode in Augenschein genommen haben, hat der Händler Sie begutachtet. Sie beide denken nunmehr aus unterschiedlichen Perspektiven über die gleiche Frage nach — wieviel? Je nachdem wie Sie gekleidet sind, wie groß Ihr Kaufinteresse scheint und wie stark er wiederum interessiert ist zu verkaufen, kann der Preis beträchtlich schwanken. Das ist eines der kleinen Händlergeheimnisse.

Lassen Sie sich dadurch nicht beunruhigen. Das Spiel können Sie umgekehrt auch spielen. Rufen Sie den Mann zu sich herüber, und lassen Sie sich von ihm einen Preis nennen. Gleichgültig, welche Zahl er nennt — fegen Sie sie vom Tisch. Aber nein, sagen Sie, nennen Sie mir den Handelspreis. (Der liegt normalerweise um vieles niedriger.)

Der Händler wird Sie mit zusammengekniffenen Augen betrachten. Sollten Sie wirklich selbst ein Händler sein oder nur ein Räuber im gutsitzenden Anzug?

Sie reichen ihm Ihre Visitenkarte. Sie zeigen ihm Ihr Scheckbuch, und da steht es, schwarz auf weiß, zum Beweis: COOPER ANTIQUITÄTEN, ALTE MÖBEL. BESICHTIGUNG NUR NACH VEREINBARUNG.

Ich kenne jemanden, der macht das schon jahrelang. Er hat seine Wohnung zu Handelspreisen inzwischen komplett neu mit Antiquitäten eingerichtet, obwohl er sowenig ein Händler ist wie der Hund meines Metzgers. Als ich fragte, ob er so etwas denn nicht als aggressive Geschäftspraxis empfinde, die verständnislose Richter als betrügerische Vortäuschung einer falschen Identität verurteilen würden, grinste er mich an. Ob ich das etwa nicht wüßte? Die meisten Antiquitäten gingen jahrelang zwischen Antiquitätenhändlern hin und her, bevor sie in einer Privatwohnung ihren Platz fänden. Er leiste auf seine bescheidene Weise doch nur einen Beitrag, um die Lagerumschlagsgeschwindigkeit zu erhöhen und den Händlern das Geld zu geben, um wiederum von anderen Händlern Antiquitäten zu erwerben. Er glaubte, dem Antiquitätenhandel insgesamt einen Dienst zu erweisen.

Aber auch wenn Sie nicht bereit sein sollten, sich als Händler zu verkleiden, müssen Sie dem Drang widerstehen, den geforderten Preis zu zahlen. Machen Sie ein Angebot, vorher jedoch ein paar abfällige Bemerkungen über wacklige Beine, Beulen, Narben und auffällige Mängel, wie sie sich im Lauf von Jahrhunderten einstellen. Der Händler rechnet damit. Er könnte sogar beleidigt sein, wenn Sie nicht drauf hinweisen; er hat eventuell tagelang in der Werkstatt verbracht, um diese extra noch anzubringen.

Es ist eine eigene Kunst, ein Objekt oder ein Möbelstück über Nacht »altern« zu lassen. Es ist geradezu ein Wunder, was ein begabter »Bemakler« mit rostigen Nägeln, Bimsstein und einer Kombination von Ruß und Bienenwachs zustande bringt. Noch wunderbarer ist die Methode, wie Stühlen mit drei Beinen plötzlich ein viertes Bein wächst, wie Intarsien mit einem bösen Anfall von Akne wieder eine glatte Haut bekommen, und Tische, die ursprünglich für Zwerge gebaut worden sind, zu Erwachsenengröße aufsteigen.

Es ist unvermeidlich, daß irgendein Spaßverderber solche Wunder innovativer Restaurierung schmälert. Jeder von uns hat mindestens einen Bekannten, der als selbsternannter Experte seine Lebensaufgabe darin sieht, Ihnen klarzumachen, daß Sie eine Fälschung erworben haben. Er schüttelt den Kopf über Ihre Dummheit. Er weist detailliert auf all das hin, was zu bemerken Sie selbst zu inkompetent waren. Das Stück ist nicht übel, so wird er sagen, aber eine echte Antiquität wird man es kaum nennen dürfen. Zum Teufel, was macht das schon? Wenn Ihnen das Stück gefällt und die Fälschung gut gemacht worden ist, wen kümmert's? Sie haben es ja gekauft, weil Sie damit leben wollen, und nicht, weil Sie es wieder verkaufen wollen. Der Besserwisser ist eine Pest, der in den Kellergewölben des Metropolitan Museum eingesperrt werden sollte, wo er präkolumbianische Bidets studieren kann.

Gelegentlich kehrt sich die Situation um, und ein echtes Stück wird so ehrfurchtslos behandelt, als bestehe es aus Spanplatten. Ich befand mich in einem

Antiquitätengeschäft in Manhattan, als ein Innenausstatter nebst Kunde eintrat. (Daß er ein Innenausstatter war, erkannte ich sofort daran, daß er in den ersten zehn Minuten mühelos Tausende von Dollar ausgab.) Er blieb vor einem großartigen Eßtisch des fünfzehnten Jahrhunderts stehen — aus Eichenholz, absolut echt, in wunderbarem Zustand, ein Stück mit Seltenheitswert. Der genannte Preis vermochte ihn nicht zu schockieren. »Den nehmen wir«, sagte er, »aber Sie werden an dem einen Ende zwei Beine absägen müssen, damit er in die Frühstücksnische hineinpaßt.«

Der Händler erlitt ein Trauma. Ich sehe es nicht gern mit an, wenn ein Mann mit seinem Gewissen ringt, und wartete deshalb nicht ab, ob er den Tisch verkaufte oder sich an seine Prinzipien hielt. Ich finde es gut und richtig, wenn man Antiquitäten benutzt, statt sie anzubeten. Aber ich habe mich doch gefragt, wie wohl der Hersteller reagiert hätte, seine Arbeit zersägt und in eine Frühstücksnische gezwängt zu sehen.

Mich persönlich haben im Lauf der Zeit unterschiedlichste Antiquitäten interessiert. Ich bewundere alles und kenne mich nirgends aus. Mir haben Chippendale-Stühle ebenso gefallen wie Chinesisches Porzellan, alte Küchenutensilien oder auch Lalique-Gläser und Kommoden des englischen 18. Jahrhunderts — nahezu alles, außer Kunst, die eine eigene, überbewertete Domäne darstellt. Ich litt in meiner Passion als Sammler, weil ich erkennen mußte, daß ich von Natur aus nicht für dergleichen gemacht war. Ich kann es einfach nicht ertragen, inmitten von Gegenständen zu leben, um die ich auf Zehenspitzen herumgehen muß und die ich nicht anfassen darf. Ich möchte gern in meinen Stühlen sitzen, an meinen Tischen essen, aus meinen Gläsern trinken und mich in mein Bett fallen lassen, ohne befürchten zu müssen, ein Sakrileg zu begehen oder einen Kollaps und finanziellen Ruin zu riskieren. Ich lebe inmitten von Dingen, die entweder fast unzerstörbar oder leicht ersetzbar sind. Und falls sie alt sind, sind sie doch stabil. Zerbrechliches meide ich. Und dann meide ich auch noch etwas anderes. Falls Sie nur ein moderat reicher Millionär sind, sollten auch Sie es meiden: die Teilnahme an schicken Auktionen.

Die Menschen, die zu den großen Auktionen mit Glanzpapierbroschüren unter dem Arm gehen, sind keine Menschen wie wir. Sie mögen Schickeriahändler sein, Sachverständige, die für Stiftungen bieten, oder auch Top-Plutokraten, doch eines haben sie gemeinsam: Sie schwimmen in Geld. Und wenn Menschen, die in Geld schwimmen, in der aufgeladenen Atmosphäre des Bietens zusammenkommen, dann entschwinden die Preise binnen Sekunden in höhere Regionen. Falls Sie aus Gründen der Neugier als Zuschauer an so einer Millionenorgie teilnehmen möchten, gibt es eine goldene Regel: Setzen Sie sich auf Ihre Hände. Ein geistesabwesendes Kratzen am Ohr kann dem Auktionator auffallen, und Sie könnten sich mit einer verdammten Tasse aus dem zwölften Jahrhundert und einer Rechnung in Höhe eine Haushypothek wiederfinden. Da sind Sie mit Jugendstil-Mantelständern besser dran.

8

Dienstpersonal

Ich habe die Zeitungen vor dem Lesen morgens gern knitterfrei. Ich möchte gern, daß meine Schuhe vor dem Eincremen geputzt werden. Ich sitze im Wagen gern hinten, um mich fahren zu lassen. Ich lasse mir das Bett machen, das Geschirr spülen, Getränke servieren, Anrufe beantworten und die gewöhnlichen Dinge unsichtbar und effizient erledigen, damit ich meine Zeit wichtigen Entscheidungen widmen kann, wie etwa der Auswahl des Weins zum Abendessen und dem Nachdenken darüber, wem ich bei den Wahlen für das Amt des Bürgermeisters meine Stimme gebe.

Das wäre ein Leben. Es setzt aber Geld und Personal voraus.

Die sofort spürbaren Annehmlichkeiten einer persönlichen Dienerschaft sind so groß, daß auf der Jagd nach Butlern und Hausmädchen manch ein junger Mensch losstürmte, ohne sich die Sache von Grund auf zu überlegen. Ob Sie es glauben oder nicht — es gibt Nachteile, die nicht sofort erkennbar sind. Auf die kommen wir später noch zurück. Zuerst aber die guten Nachrichten.

Der offenkundige Vorteil eines Dieners besteht darin, daß er Ihnen unangenehme, unbequeme oder gefährliche Aufgaben abnimmt. Er wird sich um die kleinen, aber wichtigen Details des Alltags kümmern, von der Müllabfuhr bis zum Ausbreiten Ihrer Kleidung am Morgen und der stets guten Bestückung Ihrer Bar. Er kann zum Besorgen der Weihnachtseinkäufe entsandt werden, vor dem Kino anstehen, bis Sie das Abendessen hinter sich haben, Ihr Haus auf dem Lande für Ihren Besuch vorbereiten oder sich auf der Straße hinlegen, damit Sie nie ohne Parkplatz sind. Falls Sie in eine dubiose Gegend geraten sollten, haben Sie nichts zu fürchten, solange Sie einen Diener mitnehmen. Er kann sich mit den Schlägern auseinandersetzen, während Sie für sich ein Taxi besorgen.

Von praktischen Dingen einmal abgesehen, bringen Diener auch gesellschaftliche Vorteile. Sie verschaffen ihrem Herrn Geltung. Ihre Dienerschaft sollte nach nationalen Vorzügen zusammengestellt sein: ein französischer Koch (wegen der herrlichen Soufflés); ein englischer Kammerdiener (hervorragend in Kleiderfragen) und ein deutscher Chauffeur (in mechanischen Dingen sehr gründlich). Es hängt ganz davon ab, welche Sprachen Sie selbst sprechen und wie groß Ihr Haushalt ist.

Hier kommt leider das Problem auf, Dienstpersonal im Haus unterbringen zu müssen. Selbst kleinste Diener brauchen eine Menge Platz. Sie brauchen ihr eigenes Quartier, oder aber Sie würden im Schlafzimmer unentwegt über das Zimmermädchen stolpern oder sich mit dem Butler über das gewünschte TV-Programm streiten. In der guten alten Zeit konnte man das Dienstpersonal einfach auf dem Dachboden einquartieren, wo es bei flackerndem Kerzenlicht das Silber putzte; heute dagegen ist das Minimum an Raumbedarf eine Suite bestehend aus Schlafzimmer, Bad und Wohnzimmer. Es ist natürlich klar, daß der Standard in keiner Weise Ihrem eigenen großartigen Niveau entspricht. Dennoch müssen Sie sich angesichts der steigenden Mietpreise auf monatliche Zusatzkosten von einigen tausend Mark einrichten.

Vielleicht ist das für Sie kein Problem. Möglicherweise empfinden Sie sogar eine wohltuende Befriedigung darin, Ihre Diener so gut zu beherbergen, daß sie, wie Sie wirklich hoffen dürfen, sich bei Ihnen wie zu Hause fühlen. Das werden sie dann sicherlich auch. Und da keine gute Tat unbestraft bleibt, wird Ihre Großzügigkeit sie ermutigen, sie so zu behandeln wie junge Familienmitglieder. Das führt unvermeidlicherweise dazu, daß sie, wie man in der englischen Oberschicht sagt, »ihren Platz vergessen«, mit anderen Worten, zu einem Mangel an Respekt, der sich in vielen irritierenden Kleinigkeiten äußert: in Widerrede beim Servieren des Diners, in gänzlich unschmeichelhaften Bemerkungen über Ihre Wahl von Krawatten und Whisky, in Vertraulichkeiten Ihren Gästen gegenüber, in der Forderung längeren Urlaubs und vielem mehr.

Ein letzter Nachteil: In einem Haus voller Diener werden Sie völlig Ihre Privatsphäre verlieren. Stellen Sie sich einmal vor: Sie kommen von einem anstrengen Tag im Büro nach Hause. Sie wollen nichts mehr als ein heißes Bad, einen gekühlten Champagner und eine Stunde für sich allein, um zu regenerieren. Nicht der Hauch einer Chance. Wenn Sie sich ausziehen, wird Ihr Butler Ihre Sachen auffangen, bevor sie zu Boden gehen. Sie flüchten in die, wie sie hoffen, dampfende Einsamkeit des Bads, um entdecken zu müssen, daß ein Hausmädchen im Badezimmer weilt und die Wassertemperatur prüft und fragt, ob sie Ihnen den Rücken abschrubben soll. Der Butler kommt mit dem Champagner. Der Kammerdiener steckt den Kopf durch die Tür, um sich nach Ihren Plänen für den Rest des Abends zu erkundigen, damit er die richtige Garderobe vorbereiten kann, und der Chauffeur meldet sich über das Haustelefon, um zu fragen, wann Sie den Wagen brauchen. Sie umschwirren Sie alle, in bester Absicht — doch es ist ein Alptraum.

Mit Dienern sind Sie nie richtig allein. Aus irgendeinem Grund finden sie immer irgend etwas, was getan werden muß, und das ausgerechnet in dem Raum, den Sie sich zum stillen Nachdenken ausgesucht haben. Vielleicht wollen sie Ihnen nur zeigen, wieviel Mühe sie sich geben — wenn Sie in der Bibliothek lesen, wird es nicht lange dauern, und jemand kommt auf Zehenspitzen herein, um die Buchrücken abzustauben. Sie ziehen sich in Ihr Arbeitszimmer zurück, und jemand folgt, um die Papierklammern vom Schreibtisch zu entfernen. Nach einiger Zeit werden Sie dem spanischen Sprichwort beipflichten, das Diener als »unausweichliche Feinde« bezeichnet. Natürlich können Sie sagen, man solle Ihnen aus dem Weg gehen. Wenn Sie der Typ sind, der einem Cockerspaniel ohne Gewissensbisse ins Hinterteil zu treten vermag, wird Ihnen der Ausdruck verletzten Stolzes und der Blick des Tadels nichts ausmachen, der Ihnen beim Verlassen des Zimmers zugeworfen wird. Sonst aber werden Sie Schuldkomplexe bekommen und den Rest des Tages damit verbringen, sich Ihren Hausangestellten gegenüber maßlos freundlich zu verhalten, zur Sühne für Ihr strenges Verhalten. Auf die eine oder andere Weise werden die Diener Ihren Tagesablauf beeinflussen und Ihre Pläne so verändern, daß Ihr Leben sich um sie dreht statt umgekehrt, wenn Sie nicht gut aufpassen.

Aber was gibt es an Alternativen? Die Schuhe selbst zu putzen, das Bett selbst zu machen, den Wagen selbst zu fahren und Ihre freie Zeit mit Drecksarbeit zu verbringen? Sich im Büro als einziger Manager mit schmutzigen Fingernägeln verleumden zu lassen? Im Supermarkt mit Toilettenpapier auf dem Arm beobachtet zu werden? Das Leben mit Dienerschaft mag aufreibend sein, aber ein Leben ohne sie würde für einen Mann Ihrer Stellung und kultivierter Lebensansprüche unerträglich sein.

Kein Grund zum Verzweifeln. Ich habe viele Stunden über dieses Dilemma nachgedacht und glaube, eine Lösung gefunden zu haben — eine Lösung, die Ihnen, je nach Bedarf, Ihre Privatsphäre und eine Bedienung rund um die Uhr garantiert. Und dazu kostet Sie das alles, von einem gelegentlichen Trinkgeld abgesehen, keinen einzigen Pfennig.

Es handelt sich um eine kühne, kreative Erweiterung des Konzernlakeienwesens, das bereits in allen Büros existiert. Die Hierarchie setzt unten ein mit Reinemachefrauen und weiblichen Angestellten, die die Telefone entkeimen; sie geht weiter mit Boten, Fahrern, Hausmeistern, Sekretärinnen und erreicht schließlich die schwindelnden Höhen einer persönlichen Assistentin. Die Struktur ist schon vorhanden. Mit einigen kleinen Modifikationen und Zusätzen läßt sie sich Ihren Bedürfnissen auf das genaueste anpassen.

Es gibt dabei zwei unbeugsame Regeln. Die erste lautet: Wen immer Sie anstellen — er muß auf die Gehaltsliste der Firma. Die zweite lautet: Kein Angestellter wohnt mit Ihnen unter einem Dach.

Sie werden zwei Chauffeure benötigen — einen für sich und den anderen für das Personal. Sie benötigen eine Putzfrau, eine Haushälterin für die allgemeine häusliche Ordnung und einen männlichen Diener für die Garderobe. Dann gibt es den Koch und eventuell jemanden, der sich um die Pflanzen im Haus kümmert und darauf achtet, daß die Blumen gegossen werden.

Sieben Personen. Was machen einer Firma schon sieben Leute aus? Nichts. Wenn Sie bedenken, daß es nichts Ungewöhnliches ist, wenn ein Vorstandsvorsitzender drei Sekretärinnen hat, einen Chauffeur, einen Piloten für den Jet, jemanden, der seine Reden schreibt, und mindestens ein Faktotum, das ihn während der Bürozeiten generell in allem bedient, so erscheint Ihr Personalstab im Vergleich geradezu skelettartig. Vielleicht sollten Sie zusätzlich noch einen *sommelier* haben, der sich um Ihren Weinkeller kümmert.

Es wird leisen Widerspruch geben, vermutlich seitens des Finanzmanns der Firma oder irgendeines Geschäftehubers, aber deren Einwände betreffen mehr die Terminologie als das Prinzip. »Sie können doch keinen Kammerdiener auf der Gehaltsliste haben«, werden die Herren Ihnen mit dem Eifer professioneller Spielverderber erklären. Geben Sie dem Kammerdiener also einen anderen Namen — nennen Sie ihn Berater in Fragen von Corporate Identity oder PR-Berater. Solange es offiziell klingt und *businesslike*, werden Sie damit wohl durchkommen. Der Koch wird dementsprechend als Haushaltsökonom geführt; und alle übrigen Bediensteten können unter der undurchschaubaren Camouflage der Öffentlichkeitsarbeit versteckt werden.

Da haben Sie es: Diener, wann immer Sie sie brauchen, ein Haus, das Ihnen ein Zuhause bleibt, minimale Unkosten. Wenn ich darüber nachdenke, ist solch ein Arrangement einer der wenigen Anreize, die mich verlocken könnten, wieder ins Büro zu gehen und zu ehrlicher Arbeit zurückzukehren.

9

Plädoyer für einen alten Geizkragen

Teure Gewohnheiten sind dem Wesen nach nicht nur physisch angenehm, sie liegen auch außerhalb des pekuniären Zugriffs aller, bis auf einige wenige Glückliche. Sie werden daher zu einem Egotrip. Es läßt sich keine bleibende Befriedigung daraus ziehen, Kiebitzeier zu essen und einen dreilagigen Cashmere-Sweater zu tragen, wenn Ihr Nachbar, Ihr Chauffeur und der Grünschnabel, der Ihnen die Lebensmittel ins Haus bringt, die gleichen Vorrechte genießen wie Sie. Die Entwicklung der Sozialgeschichte wird durch viele teure Lebensgewohnheiten geprägt — von der Psychoanalyse bis zum Reisen —, die ihr Prestige verloren haben, seit sie an die Allgemeinheit übergingen, doch der Mensch in seinem Erfindungsreichtum ist noch immer fähig gewesen, zu allem, was Allgemeingut zu werden droht, seltenere, extravagantere Alternativen zu entwickeln. Mit einer wichtigen Ausnahme.

Aus irgendeinem Grund hat sich Weihnachten als universale teuere Gewohnheit etabliert, die Hunderte von Millionen der Weltbevölkerung genießen (wahrscheinlich eher erleiden), ohne es sich leisten zu können. Das ursprünglich schlichte religiöse Fest ist zu einer kommerziellen Orgie geworden, für das ein Budget verbraucht wird wie im Pentagon. Bei der Eskalation dieser festlichen Zeit macht ein Geschenk ein Gegengeschenk nötig. Es ist eine Zeit, in der ansonsten recht vernünftige und angepaßte Menschen ernstlich über den Reiz multilingualer Waagen mit mündlicher Gewichtsansage nachdenken, über Platinzahnstocher, Streßmonitoren für sie und ihn, Schreibtischgarnituren aus Straußenhaut, Jogginganzüge aus gepreßtem Samtstoff, authentische, für den persönlichen Nutzen adaptierte Imitate von Spucknäpfen aus dem neunzehnten Jahrhundert, Unterwasser-Füllfederhalter, Eieruhren für Manager, elastische Duschseifen, leuchtende Schlafzimmerpantoffeln — es gibt nichts Überflüssiges, das einem überraschten und verlegenen Empfänger prinzipiell erspart würde.

Die menschenfreundliche Erklärung für diesen weltweiten Wahnsinn manischen Einkaufens ist angeborene Großzügigkeit des menschlichen Herzens, aber da habe ich so meine Zweifel. Ich fürchte, man hat uns die irrige Idee indoktriniert, daß Geben besser ist als Nehmen, und dafür mache ich großteils einen finsteren Gesellen verantwortlich.

Er ist anonym, doch allen von uns wohlbekannt. Elf Monate des Jahres sehen wir nichts von ihm, hoffen wir, daß er an einer Überdosis Kaviar erstickt sei oder sich mit einer seiner unzähligen elektrischen Spielsachen ins Jenseits befördert hat. Doch mit jedem Dezember kommt er wieder, wagt sich hinter seinem Sicherheitsglas im sechsunddreißigsten Stockwerk hervor, um uns fast in den Bankrott zu treiben. Er ist — wer denn sonst? — der Mann, der alles hat.

Warum man ihm nicht einfach eine Flasche Champagner und ein gutes Buch schenken kann mit dem Befehl, daß er zu Hause bleiben und uns in Ruhe lassen soll, das ist ein Rätsel, das die Gelehrten verwirrt hat. Und wenn er schon alles hat, warum sollen wir den Kerl, der alles will, auch noch verwöhnen und ihm noch mehr geben? Es ist gleichermaßen rätselhaft, warum sein von Armut geplagter Vetter, der unendlich viel mehr Recht hat, Ansprüche zu stellen, der Mann nämlich, der nichts hat, im Keller allein gelassen wird und nicht einmal zur Aufheiterung ein paar Seidenunterhosen mit Wappen bekommt. Aber Weihnachten ist eben wie das ganze Leben — es ist nicht fair.

Selbst wenn Sie das große Glück haben, niemanden zu kennen, der alles hat, haben Sie kaum eine Chance, das neue Jahr solvent willkommen zu heißen als großzügiger, organisierter Mensch, der planvoll wohlüberlegte, teure Geschenke an alle Freunde und liebe Menschen schenken will — Ihrer Sekretärin, Ihrem netten alten Buchmacher und verschiedenen anderen verdienten Seelen, die Ihr Leben während der vergangenen elf Monate bereichert haben. Leider werden auch die gründlichst durchdachten Budgets dank des Zangenangriffs im Defizit enden, der von zwei Seiten auf Ihre Börse erfolgt.

Die erste Attacke kommt aus dem Hinterhalt — von getreuen Faktoten. Es ist schon bemerkenswert, wie viele Menschen, die Ihnen während des ganzen Jahres nicht aufgefallen sind, sich zutiefst um Ihr Wohlbefinden bemüht haben. Anfang Dezember kommen Sie aus dem Gebüsch, kündigen sich an mit fröhlichen kleinen Notizen und Postkarten, um Ihnen zur Festzeit das Allerbeste zu wünschen — und ein weiteres Jahr pünktlicher Müllabfuhr, sauberer Lifte, wirksam bewachter Wohnblockeingänge und ohne Sorgen mit Klempnern. Solche Hinweise zu ignorieren bedeutet, daß Ihre Mülltonnen nicht geleert werden, daß Ihre Hemdkrägen zu Toast gebügelt und Ihre Stoßstangen malträtiert werden; Ihr Türsteher wird Ihnen eisige Blicke zuwerfen, Ihr Klempner wird sich bei Hilferufen taub stellen. Aber diese nützlichen Geister verlangen wenigstens nicht, daß Sie für sie auch noch einkaufen gehen; sie wollen von Ihnen etwas Persönliches, etwas, das Sie tatsächlich selbst gemacht haben: Geld.

Weniger vorausschaubar ist der Angriff des unerwarteten Geschenks, die Waffe der letzten Minute, die mit Sicherheit Unbehagen und Kosten verursacht. Die Situation entsteht dadurch, daß jemand, mit dem Sie eine Beziehung zu haben glaubten, die bloß einen Austausch von Weihnachtsgrüßen erfordert, plötzlich die Stufen der Freundschaft beschreitet — und Ihnen ein großes, liebevoll adressiertes Präsent macht. Es spielt gar keine Rolle, daß dieses Paket eine unschlagbar häßliche Jardiniere aus gehämmerten Zinn enthält oder daß bis zum Beginn des Fests nur noch vier Stunden zum Einkauf bleiben. Was zählt, ist der Gedanke; wenn Sie das Geschenk nicht erwidern, werden Sie sich die ganzen Feiertage über schuldig fühlen. Und deshalb lassen Sie Ihre Pläne für einen gemütlichen Drink mit der Blondine von der Abteilung für Verkaufsstatistik fallen, um sich in die Warenhäuser zu stürzen und das wilde Bataillon der Kaufwahnsinnigen in letzter Minute noch zu vergrößern.

Heiligabend ist zweifelsohne die schlimmstmögliche Zeit, um vernünftig einzukaufen. Sie mischen sich unter die Irren mit Kreditkarten — sie schubsen, kneifen, stoßen Sie mit stumpfen Objekten in Geschenkpapier in die Nieren. Gehen Sie mir aus dem Weg! Ich habe es zuerst gesehen! In diesem Irrenhaus wissen Sie nur eines — daß Sie so schnell wie möglich wieder hinaus müssen. Deshalb sind Sie bereit, fast alles zu kaufen, zum Teufel mit dem Preis! Dem Marketingchef in der Werkstatt des Weihnachtsmanns ist dieses Phänomen wohlvertraut. Er weiß, daß ein Gegenstand, der normalerweise unverkäuflich ist, im Nu vergriffen wird. Deshalb finden Sie eine solch bizarre Auswahl auf den Regalen. Beim Betrachten sagen Sie sich: Aber kein Mensch, der noch bei Verstand ist, wird solches Zeug seinen Freunden schenken. Aber genau das tun die Leute. Und der empfangende Freund sind gewöhnlich Sie selbst.

Das Verlegenheitsgeschenk kann vielerlei Art sein. Es hat jedoch immer dieselben Wirkungen. Erstens zucken Sie jedesmal zusammen, wenn Sie es sehen — ein Kissen mit einem signifikanten Motto als Aufdruck oder ein großer Ziergegenstand mit Farben wie aus einem Alptraum. Es ist äußerst dauerhaft; das heißt, Sie können es nicht mit der Erklärung aus dem Wohnzimmer entfernen, daß es eßbar, verbraucht oder abgenutzt sei. Und, was am schlimmsten ist, Sie haben es von jemandem erhalten, dessen Gefühle Sie nicht verletzen wollen, der Sie regelmäßig besucht und dessen erste Handlung, wenn er durch die Tür kommt, darin besteht, nachzuprüfen, ob das unaussprechliche Ding in Ihrem sonst so geschmackvoll eingerichteten Haus an exponierter Stelle steht. Mit den Jahren werden Sie mehrere Schränke mit diesen Scheußlichkeiten füllen und sie jedesmal abstauben und herausholen, wenn die Geber kommen, die natürlich tief gerührt sind von der Fürsorge, mit der ihre Präsente gepflegt werden. Sie werden einen Knoten ins Taschentuch machen, um Ihnen zum nächsten Geburtstag etwas Ähnliches zu schenken.

Ganz gelegentlich kann das unvorhergesehene Geschenk auch dem abgebrühtesten Menschen ein gewisses Maß an Freude bringen. Ich habe einen Freund, dessen Abscheu für Weihnachten nur noch von seinem Widerwillen gegen seine Schwiegermutter übertroffen wird, deren einziger Besuch im Jahr den absoluten Tiefpunkt des Jahres bedeutet. Doch dann schenkte sie ihm eines Weihnachtsabends zusätzlich zur üblichen Krawatte auch die Grippe. Er mußte sich zurückziehen und ins Bett legen, wo er krank, aber glücklich verblieb, bis sie am Neujahrstag abreiste. Er meinte, dies sei das erste Mal gewesen, daß er ein Geschenk von ihr nicht zurückgeben oder umtauschen wollte.

Es wäre allerdings ein Fehler, an Weihnachten nur im Sinne von kommerziellen Begriffen wie Mark und Pfennig und Geschenken zu denken. Man hat, wie bei allen Anlässen eines zwanghaften Frohsinns, vor allem, wenn mehrere Generationen zusammengezwungen werden und eine phantastische Zeit miteinander verleben müssen, nicht nur solchen materiellen Preis zu zahlen. Ein Soziologe hat die These aufgestellt, daß Weihnachten die Ursache für mehr Familienstreitigkeiten ist als alles andere zusammen, mit Ausnahme von nachlässigem Verhalten im Badezimmer oder Ehebruch, und es fällt nicht schwer, zu verstehen, wie er zu diesem Schluß kam.

Die klassische Festversammlung besteht aus Kindern, Eltern und Großeltern — eine heikle Mischung, die durch die Gastvorstellungen von Nachbarn und Familienfreunden, die auf einen Drink vorbeischauen, noch verkompliziert wird. Die Kinder, die seit sieben Uhr morgens auf den Beinen sind, haben die zerbrechlichen Geschenke prompt zerbrochen und langweilen sich und warten um elf Uhr aufs Mittagessen, gerade wenn die Erwachsenen glauben, guten Gewissens zur Flasche greifen zu dürfen. Die ersten Gäste treffen ein. Zum Hintergrundlärm der Knallgeräusche von Billys Gewehr und Weihnachtsliedern aus dem Stereogerät werden einige tapfere Versuche unternommen, sich miteinander zu unterhalten. Opa und Oma, die soviel Lärm und Alkohol nicht gewohnt sind, ziehen sich in die Küche zurück und lassen, weil sie nichts Besseres zu tun haben, den Truthahn anbrennen. Die Gäste — trinken die morgens etwa immer soviel? — scheinen den ganzen Tag bleiben zu wollen, wahrscheinlich, weil sie genau wissen, was sie zu Hause erwartet. Doch schließlich werden sie überredet zu gehen. Das Mittagessen wird serviert.

Es verläuft keineswegs so, wie Norman Rockwell es zu malen pflegte. Dem kleinen Billy, der sich den ganzen Morgen über heimlich mit Süßigkeiten vollgestopft hat, wird übel. Die Eltern spüren bereits die er-

sten Anzeichen der Kopfschmerzen. Die Großeltern träumen sehnsüchtig von einem Nickerchen. Kein Glück. Weihnachten ist ein Familienfest, verdammt, und wir werden uns freuen, trotz der totalen Erschöpfung, der aufgeriebenen Nerven, der erwarteten Verdauungsstörung und dem Kater am Nachmittag. Riesenreserven an Geduld und Charakterstärke werden erforderlich, um zu verhindern, daß der Tag schweigend und mißlaunig vor dem Fernseher endet. Und dabei könnten wir es belassen — aber Weihnachten ist wirklich erst in den letzten Januartagen vorbei, wenn mit schrecklicher Unvermeidlichkeit die Rechnungen eintrudeln. Während man vor den finanziellen Trümmern sitzt, erinnert man sich liebevoll an eine der am meisten unterbewerteten Gestalten der Literatur. Der liebe, alte Scrooge, Gott habe ihn selig. Der hätte nie zugelassen, daß Sie in diesem Chaos enden. Der hätte für den Mann, der alles hat, nur ein Wort übrig gehabt: Bah!
Ein glückliches neues Jahr!

10

Wie die Reichen sich warm halten

Die Winter in der Mongolei sind kalt. Die Winde heulen über die Landschaft, die unter Dauerfrost liegt. Jogging ist hier ein unbekanntes Vergnügen. Die meisten Einheimischen sind auf ihre regelmäßige Portion Rum und auf heiße Yakmilch angewiesen, um nicht zu vereisen. Es ist immerhin so kalt, daß die Ohrenklappen einer Pelzmütze einfrieren.

Es gibt jedoch etliche mongolische Wesen, die bei Temperaturen unter Null aufblühen. Ihnen macht die beißende Kälte der Luft nicht das mindeste aus; sie sind nämlich wandelnde Pullover. Sie sind von der Nase bis an die Hufen in eine der wirksamsten Anti-Frost-Maßnahmen der Natur eingehüllt und perfekt isoliert. Eine frierende mongolische Cashmere-Ziege wird einem nie über den Weg laufen.

Reine Cashmere-Wolle aus der Mongolei, die generell als die beste gilt, ist im Verhältnis zum Gewicht wärmer als jede andere Naturfaser. Zum Schutz gegen Zugluft besitzt die Ziege davon zwei Lagen: den rauheren Außenmantel und drunter die feinere Decke. Dieses feinere Unterhaar wird eines Tages einen Platz in Ihrer Garderobe finden. Außer leichtem Gewicht und Wärme besitzt es eine Weichheit, die unwiderstehlich zum Berühren einlädt. Einen Cashmere-Pullover können Sie mit geschlossen Augen identifizieren; dazu genügen bereits die Fingerspitzen.

Er ist außerdem beruhigend teuer. Nur die Vigogne-Wolle — sie stammt von einer Familie privilegierter Kamele in den Bergen Südamerikas — kostet mehr; und daß der Preis für Cashmere je sinken wird, ist unwahrscheinlich. Das liegt einmal an Qualität und Seltenheit der Faser, dann aber auch an den mittelalterlichen Techniken, mit denen bis heute das Haar vom Rücken der Ziege auf Ihren Rücken bewegt wird.

Der ganze Prozeß der Umwandlung von Ziegenhaar in Bekleidung ist unbequem, arbeitsintensiv und abhängig von allen möglichen Imponderabilien; besonders unabwägbar ist der Geschlechtstrieb der Lieferanten. Cashmere-Ziegen lassen sich nicht einpferchen und wie Hühner auf der Farm zur Fortpflanzung zwingen. Sie ähneln eher uns Menschen. Sie brauchen zum Lieben Platz und eine intime Atmosphäre, und es ist unmöglich, genau vorherzusagen, wieviel Cashmere-Wolle es von Jahr zu Jahr gibt. Es ist eben ein echtes Naturprodukt, und wie bei allen Naturprodukten wird der Preis schwanken. Meistens schwankt er in die Höhe.

Es wäre leichter und billiger, wenn die Ziegen geschoren werden könnten wie Schafe. Das ist jedoch leider nicht möglich. Das feine Unterhaar wird abgeworfen und verheddert sich mit dem rauhen oberen Mantel. Man kommt nur dran, wenn man es mit der Hand herauskämmt, Ziege für Ziege, und jede Ziege liefert nur einige wenige Gramm. Doch die Ziege muß natürlich erst einmal gefangen werden. Und da merkt man bereits, daß es sich hier keineswegs um eine leichte Arbeit handelt, die rasch erledigt ist.

Nach dem Auskämmen wird die unbehandelte Cashmere-Wolle auf verschiedene Arten transportiert, die dem Präsidenten einer Eisenbahnbehörde Alpträume verursachen würde. Auf Yak, Pferd, Floß und Sampan nähert sie sich einem Depot, das sie nach Übersee weiterliefert. So weit, so — langsam — gut.

Im Warenhaus wird die Cashmere-Wolle gesondert nach grau beziehungsweise grau und weiß — Arbeit, die sich einfach anhört, die man jedoch erst nach einer fünfjährigen Lehrzeit beherrscht. Dann wird die Wolle vermischt, gewaschen, entfettet — das Fett der jahrelangen Anhänglichkeit des früheren Eigentümers muß weg — und enthaart, damit die Fasern des Außenmantels verschwinden, die noch immer anklammern. Wenn das endlich erledigt ist, hat sich die Quantität etwa auf die Hälfte des ursprünglichen Haufens reduziert. Aber welch wunderbar angenehmer, extravaganter Stoff wird daraus werden — der Rohstoff für Tausenddollarmäntel und Schals, die wie eine warme Massage wirken.

Es gibt viele Unterschiede bei gewebter Cashmere-Wolle. Sie werden ein ganzes Spektrum von Gewichten und Dichten finden, die je nach Verwendung und Bedarf variieren. Ich nehme an, daß es technisch möglich wäre, sich ganz in Cashmere zu kleiden — von einem Filzhut aus Cashmere bis zu Socken. Man muß jedoch ein paar praktische Einschränkungen in Erwägung ziehen. Bei aller Liebe zu Cashmere — das eine oder andere Experiment hat bei mir ein Loch im Geldbeutel und ein Gefühl der Enttäuschung hinterlassen.

Die Idee, Cashmere-Wollsocken zu tragen, ist absolut reizvoll; die Füße haben solche Behandlung verdient. Könnte es etwas Angenehmeres geben, als so teuer und komfortabel umschlungene Zehen auszuführen? Angenehm ist es gewiß. Aber lange währt der Spaß nicht — jedenfalls nicht bei mir. Kann sein, daß ich uneinsichtige, schmirgelnde Fersen habe oder auch einen wilden, destruktiven Gang — ich habe jedenfalls festgestellt, daß ein Paar Cashmere-Socken bei mir nur einen Tag halten, und auch das nur dann, wenn ich das Laufen auf ein absolutes Minimum beschränke. Wenn sie das durchstehen, bekommen sie am nächsten Tag frühzeitige Geheimratsecken. Entweder eine Zehe ist so dumm, vorn durchzublicken, oder eine Ferse schlägt nach hinten aus. Cashmere-Wollsocken habe ich mit einem gewissen Bedauern aufgeben müssen.

Die Probleme mit Cashmere-Hosen sind zwar nicht so extrem oder enthüllend, aber auch nicht unähnlich. Selbst wenn die Hosen gefüttert sind, neigen sie zu Ausbeulungen an den Knien. Sie verführen ihren Träger daher zu einer unten leicht nach vorn gebeugten Haltung. Sofern man nicht den ganzen Tag über aufrecht stehen will, bleibt einem keine andere Wahl, sofern man seine untere Hälfte unbedingt mit Cashmere bedecken will, als ein Gemisch aus Cashmere und Schurwolle oder aus Cashmere und Seide zu tragen. Ganz so weich ist das nicht, aber es bewahrt wahrscheinlich eher die Form.

Für Ihr Oberteil können Sie sich mit mehreren Lagen von mehr als einer Ziege eindecken. Ein Cashmere-Mantel mit seinem dichten Flor und seiner Textur zwischen Samt und Fell schützt absolut vor dem eisigen Wind auf der Madison Avenue und vor dem Eskimo-Winter in Minnesota, und das ohne das Gewicht gröberer Mäntel, die einem das Gefühl geben, man trüge den Sessel der Großmutter. Und wie Ihnen Ihr Maßschneider erklären wird, ist das Zuschneiden von Cashmere-Stoffen ein wahres Vergnügen.

Wenn wir Sie aus Ihrer äußeren Schicht lösen, stoßen wir auf Ihr Sportsakko. Sein Wärmeeffekt ist weniger wichtig als seine optische Wirkung. Geübte Cashmere-Entdecker — und es dauert gar nicht lang, bis man selbst einer wird — können ein Jackett aus reiner Cashmere-Wolle schon aus drei Metern Entfernung identifizieren. Selbst aus dieser Distanz ist es sichtbar weich. Er hat keine harten Säume und Kanten. Die Frauen, die für solche Dinge instinktiv ein Auge haben, haben oft die größte Mühe, an sich zu halten, wenn ein Cashmere-Sportsakko in Reichweite kommt. Wenn Sie Cashmere tragen, müssen Sie sich darauf einstellen, von Zeit zu Zeit gestreichelt zu werden. Es gibt im Leben Schlimmeres als das.

Ausgenommen die Kaltblütigsten, sollte einem das an Cashmere-Bekleidung genügen, obwohl es Pullover gibt, die dünn genug sind, um unter einem Sportsakko getragen werden zu können. Zweilagiger Cashmere ist doppelt so schwer, hält also doppelt so warm und kostet doppelt soviel. Und für den Traumpullover, den Sie hinter Schloß und Riegel verwahren werden, außer Reichweite berührungswilder Frauen, gibt es vierlagigen Cashmere.

Ich habe eine Schwäche für Pullover aus vierlagigem

Cashmere — eine schreckliche Schwäche, die ich nur mit dem unzulänglichen Hinweis rechtfertigen kann, daß ich kaum Jacketts trage. Es wäre im übrigen völlig unmöglich, ein Sportsakko zu tragen, wenn es nicht wie ein Zelt geschnitten wäre; denn vierlagiger Cashmere ist so warm, so üppig und so extrem dick, daß man gar nichts drüber tragen könnte. Er ist soviel wert wie zehn normale Sweater — und kostet ungefähr genausoviel wie alle zehn zusammen. (Wer von Ihnen daran zweifelt, ob es klug und weise ist, sich gleich in solch erschreckende Dimensionen von Investitionen für Sweater zu stürzen, dem rate ich zu einem Schal aus vierlagigem Cashmere. Wickeln Sie ihn um Ihren Hals, und begeben Sie sich in die kälteste Witterung, die Sie finden können. Sie laufen vielleicht am übrigen Körper blau an, doch vom Kinn bis zur Brust werden Sie nur kosige Wärme spüren.)

Weil die Nachfrage nach den angenehmen Freuden des Cashmere wächst, wird er leichter beschaffbar: Jedes gute Herrengeschäft wird im teuren Ladenbereich hinter Glas eine Auswahl bereithalten. Wenn Ihnen aber ernsthaft an Cashmere liegt, werden Sie früher oder später Ihre American-Express-Karte auf Pilgerfahrt nach London mitnehmen müssen und sich den Versuchungen der Burlington Arcade aussetzen.

Sie läuft quer zu Piccadilly, ist etwa fünfundsiebzig Meter lang und kaum breiter als mehrere aneinandergelegte Schals, ist mit Glas überdacht und hat makellos lederbraune Schaufenster. Sie wird von Pedellen in einer Art von puritanischer Phantasieuniform bewacht, deren Aufgabe darin besteht, für die Wahrung von Ruhe und Frieden und die Einhaltung der Regeln zu sorgen, die die Würde der Arkade sichern: Pfeifen und Rennen sind untersagt.

In diesem kurzen, luxuriösen Verbindungsweg werden Sie Cashmere in seligmachender Fülle entdecken, stapelweise in den Fenstern, auf den Ladentischen, in jeder erwünschten Farbe und Stärke, die Sie sich leisten können. Das Territorium ist unter vier Haupteinzelhändler aufgeteilt, den sogenannten Cashmere-Baronen — Berk, Fisher, Lord und Peal —, von denen jeder seine besonderen Variationen des klassischen Stils anbietet. Die Preise unterscheiden sich geringfügig, aber nicht so, daß man sich deshalb aufregen könnte. Cashmere zu Billigpreisen gibt es nicht.

Es gibt nur eine Zeit, da Sie den schwachen Widerschein eines Sonderangebots finden können. Sie liegt außerhalb der Cashmere-Saison — in jener Jahreszeit, die man in England euphemistisch als Hochsommer bezeichnet. Wenn Sie Glück haben, können Sie im August Sonderpreise entdecken — nichts Vulgäres wie ein Schlußverkauf, den man nicht verpassen darf, aber der Anblick der Ziffern auf den Preisschildern ist dezidiert angenehmer. Ich kaufe meine Pullover immer im August und halte mich an Mr. Fisher. Mir gefällt der Stil, den er zeigt, und ihn selbst mag ich auch.

In diesem Jahr hatte er nichts Erfreuliches zu bieten. Der Preis unbehandelter Cashmere-Wolle, direkt von der Ziege, bewegte sich um die achthundert Mark pro Kilo. Ein vierlagiger Pullover, der etwas mehr wiegt als ein halbes Kilogramm, kostet kaum weniger als tausendfünfhundert Mark. Die Preise könnten im nächsten Jahr noch weiter steigen, aber was soll man machen, wenn diese verdammten Ziegen partout nicht wollen?

11

Ein Mundvoll schwarzer Perlen

Wenige Ausdrücke der Sprache beschwören mit einem Wort Reichtum, Zugehörigkeit zur Klasse der Privilegierten und einen Hauch von Seligkeit. (Redewendungen zählen hier nicht — nicht einmal »Austern Rockefeller« oder »Schälen Sie eine Weintraube für mich«.) Es ist eine erlesene Gruppe, eine Ruhmeshalle der Wörter gewissermaßen, und eines der ältesten und unwahrscheinlichsten Mitglieder dieser Auserwählten ist das ölige, aufbereitete Fischei. *Kaviar.* Sie verstehen? Schon bei der Erwähnung des Wortes müssen Sie an Reichtum denken, sehen Sie vor Ihrem inneren Auge die Schönen der Welt beim Genuß der dauerhaft beliebtesten Luxusnahrung der Welt. Kaviar hat seit über zweitausend Jahren beste Referenzen. Über Kaviar hat bereits Aristoteles im vierten Jahrhundert vor Christus geschrieben, und seither ist Autoren immer wieder das Wasser im Mund zusammengelaufen, von Rabelais und Shakespeare bis zu Evelyn Waugh und allen Kochexperten, die jenes rettende Modicum an Extravaganz besitzen, die uns vor einem Leben bewahrt, das sich nur noch an Hackfleischrezepten orientiert.

Der Kaviar hat überlebt — im Unterschied zu vielen anderen, von alters her traditionellen Leckerbissen wie Lerchenzunge oder Flamingohirn, Schwanenbraten, Pfauenbrust und Dutzenden von weiteren Gerichten, die aufgrund von Geschmacks- oder Gesetzesänderungen Vergangenheit geworden sind. Er ist noch immer für uns da — nicht für viele von uns, gewiß, doch wenn er gemeinhin so verfügbar wäre wie Koteletts oder Fleischbällchen, wäre ein großer Teil des Eßvergnügens passé: Sesambrötchen mit Kaviar zu bestellen ist irgendwie ohne Pfiff und würde bestimmt das köstliche, fast schon von Schuldbewußtsein geprägte Gefühl des Elitären mindern, das den Reiz jeden Löffels Kaviar so spürbar erhöht.

Vieles von dem, was unter dem Begriff Kaviar gehandelt wird, hat strenggenommen damit nichts zu tun. Es kann sich um haltbar gemachten Fischrogen handeln und recht angenehm schmecken, aber vom *Cyclopterus lumpus* stammen oder von Lachs, Weißfisch, Kabeljau oder irgendeinem anderen schwangeren Mitglied der Fischfamilie. In den USA darf behandelter Rogen als Kaviar verkauft werden, sofern der Name des Ursprungsfisches auf dem Glas oder der Dose angegeben wird. In Frankreich, wo Angelegenheiten des Magens äußerst ernst genommen werden, ist die Definition des Kaviars so präzise wie die von Champagner: Als Kaviar qualifiziert ist nur der Rogen des Störs.

Schicksal und Mensch sind dem Stör nicht wohlgesonnen. Bis zur Jahrhundertwende schwamm er auch im Hudson River und in Flüssen durch ganz Europa. Seither haben ihn übermäßiges Fischen und Umweltverschmutzung fast ausgerottet. Von wenigen Ausnahmen abgesehen, wird er in bedeutsamen Mengen nur noch im Schwarzen Meer, im Kaspischen Meer und in der Gironde angetroffen. Um die Probleme für den Stör zu vergrößern, schrumpft das Kaspische Meer. (Die Russen, die von allen Völkern am meisten Kaviar essen, versuchen etwas dagegen zu tun, aber das Wiederauffüllen eines großen Sees ist eine langwierige Angelegenheit.)

Von den überlebenden Störarten sind die Beluga und die Sevruga am bekanntesten — die größte und die kleinste Art der Spezies. Nach diesen Namen müssen Sie Ausschau halten, wenn Sie sich hinreichend wohlhabend dünken. Die Beluga kann bis zu fünf Meter lang werden und bis zu tausend Pfund wiegen; zwanzig Prozent des Körpergewichts kann aus Rogen bestehen. Beluga-Eier sind die größten; sie brauchen lange Zeit, um zu entstehen; es dauert zwanzig Jahre, bis der weibliche Fisch reif ist, um sie zu produzieren. Die Sevruga dagegen wiegt etwa fünfzig Pfund, reift in sieben Jahren und erzeugt die kleinsten Eier.

Wenn man den Stör einfach fangen und die Eier ausnehmen könnte, wäre Kaviar um vieles billiger; dann würde Kaviar allerdings auch nicht so schmecken, wie er schmeckt. Rogen, selbst der Rogen vom Stör, ist ziemlich fades Zeug. Zu Kaviar wird er durch die Methode der Bearbeitung, und dazu braucht es immerhin soviel an Geschicklichkeit und Wissen, daß man ruhig von einer Kunst sprechen darf.

In einem Zeitraum von etwa fünfzehn Minuten müssen über ein Dutzend getrennter Verfahren durchgeführt werden; dauert es länger, verschlechtert sich der Rogen dermaßen, daß er nicht mehr zu Kaviar gemacht werden kann. Zunächst wird der Stör bewußtlos geschlagen — nein, er wird nicht getötet, weil der Rogen dann noch rascher verderben würde. Die Eier werden anschließend herausgenommen, gesiebt, gewaschen und getrocknet, bevor sie die Aufmerksamkeit von einer jener mythischen Gestalten finden, die, wie große Kellermeister, das Rohmaterial der Natur radikal zu verfeinern verstehen.

Der Sortierer oder Abschmecker, oder wie er eigentlich genannt werden müßte, der Kaviarmeister, hat wirklich nur Minuten Zeit, um all jene Entscheidungen zu treffen, die den Geschmack und den Preis der Eier bestimmen, die vor ihm aufgehäuft sind. Er riecht, er schmeckt, er betrachtet und tastet sie mit den Fingerspitzen ab. Er klassifiziert die Eier nach Größe, Färbung, Bouquet und Geschmack, um endlich die wichtigste Entscheidung von allen zu treffen: Wieviel oder wie wenig Salz zur Reifung des Rogens zu Kaviar nötig ist, ohne die feine Zusammensetzung von Geschmack und Faserung zu beeinträchtigen.

Die Eier der höchsten Qualitätsstufe werden am wenigsten gesalzen, mit weniger als fünf Prozent vom Gewicht des Rogens, und dürfen als *malossol*-Kaviar bezeichnet werden. (Malossol heißt auf deutsch »wenig Salz«, kann aber in den USA beträchtlich mehr Quantität als wenig bedeuten, weil die Gesetze hier nicht so streng sind.) Nach dem Salzen werden die Eier in Sieben geschüttelt, bis sie trocken sind, und dann in Dosen verpackt, die klein genug sind — sie fassen bis zu zwei Kilogramm —, um zu verhindern, daß das Gewicht der obenliegenden Eier die darunterliegenden zum Platzen bringt. Und dann beginnt der Kaviar seine gekühlte Reise vom Kaspischen Meer zu der kleinen Anzahl von begünstigten Restaurants rund um den Erdball, deren Kunden für einen Mundvoll eine Banknote oder mehr zu zahlen vermögen.

Wenn man die Rarität des Störs berücksichtigt, die Zahl der Jahre, die ein Weibchen braucht, um ihre Eier zu produzieren, die enormen Fähigkeiten, die für das Zubereiten erforderlich sind, sowie die Transportprobleme, so begreift man rasch, warum Kaviar zu den drei teuersten genießbaren Dingen auf Erden zählt. (Safran und Trüffel sind die beiden andern.) Nach Dollar zugeordnet, sollte er mit Begriffen größerer Investitionen betrachtet werden, mit dem Unterschied, daß er besser schmeckt als Ihre Aktien bei IBM oder der Monet in Ihrem Schlafzimmer.

Wie bei allen natürlichen, delikaten, verderblichen Lebensmitteln ist es von entscheidender Bedeutung, einen Lieferanten zu finden, dem man vertrauen kann und der genügend Kaviar verkauft, um sich die Mühe zu machen, ihn richtig zu lagern. Kaviar gibt es nicht im Sonderangebot, und es lohnt sich immer, in den besten Geschäften zu kaufen, etwa bei Petrossian in New York oder Fortnum's in London. Sofern Sie wie ein echter Käufer aussehen und nicht wie jemand, der auf einen schnellen Imbiß scharf ist, dürfen Sie eventuell sogar probieren, bevor Sie kaufen. Ironischerweise sind die Händler, die sich der Güte ihres Kaviars so gewiß sind, daß sie diesen schönen Service anbieten, diejenigen, auf deren Empfehlung man sich auch ohne Kostprobe verlassen kann.

Kaufen Sie nur soviel, wie Sie essen werden, und wenn Sie den Kaviar einmal gekauft haben, kehren Sie nicht zum Büro zurück, tauchen Sie nicht in einer Bar unter und hängen Sie nicht im Park herum, um schönen Mädchen nachzuschauen. Begeben Sie sich umgehend nach Hause, und stellen Sie den Kaviar in den Kühlschrank. In seinem versiegelten Gefäß hält er sich ungefähr vier Wochen. Ist er einmal geöffnet, wird er sich theoretisch ein paar Tage lang halten; in der Praxis bleibt allerdings nie etwas übrig.

Sie müssen jetzt einige Entscheidungen treffen. Sie mögen Ihnen unbedeutend vorkommen, aber davon hängt es ab, ob Ihr Kaviar das besondere Ereignis ist, das er sein sollte, oder eine kostspielige Enttäuschung. Ganz oben auf der Liste steht die Entscheidung darüber, mit wem zusammen Sie ihn essen.

Einige Leute können Sie gleich streichen. Gastronomische Philister, die alles mit Tomatenketchup bedecken, sollte man am besten am Würstchenstand stehenlassen, wo sie sich in ihrem Laster suhlen können. Ihr Chef und der freundliche Steuerberater sollten ausgeklammert werden, weil beide folgern würden, daß Sie zuviel verdienen. Geschäftsfreunde würden vermuten, Sie wollten angeben, und mehr Kaviar essen, als ihnen zusteht. Verwandte sind seiner nicht wert. Die Liste reduziert sich auf einen engen Freund oder die eine Person in Ihrem Leben, die Sie über alles lieben — und das sind Sie selbst. Wenn Kaviar auf dem Speisezettel steht, ist das Abendessen mit sich allein ein Abendessen, das Sie nie vergessen werden.

Und was sollten Sie dazu trinken? Traditionsgemäß russischen oder polnischen Wodka; die Flasche sollte in einem Eisblock gekühlt werden, damit der Wodka so kalt ist, daß er brennt. Versuchen Sie es mit keinem geschmacklich angereicherten Wodka; der wird sich mit dem Geschmack des Kaviars streiten und gewöhnlich obsiegen. Ich persönlich ziehe einen sehr trockenen Champagner vor. Es scheint auf bekömmliche Weise angemessen, beim Essen solcher Blasen auch Blasen zu trinken.

Die Vorbereitung und das Servieren von Kaviar sind oft auf ganz absurde Weise kompliziert. Sie können häufig Menschen beobachten, die ihre Teller volladen mit Zutaten, die genau den Geschmack, für den sie so teuer bezahlt haben, überlagern oder gar zerstören. Mit Klecksen von Sauerrahm, Scheibchen von Anchovis, kleingehackten Kapern, Zwiebeln und hartgekochten Eiern drauf — was bleibt da noch vom Kaviar übrig? Es mag ja durchaus gut schmecken; nach Kaviar schmeckt es jedenfalls nicht.

Am besten ißt man Kaviar auf die einfachste Weise: pur. Wenn Sie ihn von einem Teller essen, kühlen Sie den Teller vorher. Wenn Sie ihn direkt aus dem Gefäß essen, stellen Sie das Glas oder die Dose in eine Mulde aus zerkleinertem Eis. Dünne Toastscheiben mit ungesalzener Butter, Blinis oder ein bis zwei Tropfen Zitronensaft sind als Zutaten möglich. Aber wenn es darum geht, wie der Kaviar das letzte Stück seiner langen Reise befördert wird, nämlich in den

Mund, gibt es keinerlei Alternative. Ein Löffel muß es sein.

Sie werden Menschen beobachten — oft sind es die gleichen Leute, die ihren Kaviar mit irrelevanten Beigaben wie kleingehackten Zwiebeln und Eiern ersticken —, die ein Messer verwenden, um sich ihre Mischung auf den Toast zu streichen — als wenn sie ein Erdnußbutter-Sandwich machten. Vandalen sind das. Der Witz bei Kaviar, der einzige Grund dafür, daß man sich die Mühe macht, ihn herzustellen und zu transportieren, ist der, daß die Eier intakt in Ihrem Mund landen. Nur dann, nur wenn Sie ihn zwischen Ihrer Zunge und Ihrem Gaumen zerdrücken, erleben Sie diese winzige Explosion von Geschmack, um die sich das ganze Theater dreht. Wenn die Eier durch das Messer bereits zerdrückt sind, dann hat der Höhepunkt des Geschehens statt in Ihrem Mund auf der Toastscheibe stattgefunden. Deshalb muß er mit einem Löffel gegessen werden.

Kaviarsüchtige werden die Vorzüge verschiedener Typen von Löffeln mit einer Leidenschaft debattieren, die allen Teilhabern an den verborgenen Ritualen des Lebens vertraut sind. Seltsamerweise ist der Löffel, mit dem die glücklichen Babys geboren werden — der silberne Löffel —, um jeden Preis zu vermeiden; er hinterläßt einen leicht metallischen Geschmack. Sonst fühlen Sie sich frei in der Wahl der Löffel aus Gold, Elfenbein, Holz, Perlmutt, Horn oder — mein persönliches Lieblingsmaterial — aus Plastik, wie man sie in jedem Delikatessenladen bekommt. Die sind leicht zu handhaben; sie sind weich und haben keine scharfen Kanten, die die Eier beschädigen könnten; sie sind funktional, hygienisch und wegwerfbar. Sie hinterlassen keinen Nachgeschmack, und oft bekommt man sie sogar umsonst. Ich kann sie nur empfehlen.

Ihre letztendliche Entscheidung betrifft Zeit und Ort, da Sie sich verwöhnen wollen, und hier werden Sie einen wenig auffälligen Vorteil von Kaviar schätzenlernen. Er ist im besten Sinne des Wortes ein praktisches Nahrungsmittel. Sie können ihn, ohne lebensgefährliche Verrenkungen mit Messer und Gabel machen zu müssen, im Bett essen. Sie können ihn auf dem Heimweg vom Büro im Fond Ihres Wagens essen. (Eine Unze Kaviar, die man langsam, mit Pausen zum Nachdenken und Trinken, aus dem Glase ißt, wird von der Wallstreet bis zur Fifth Avenue reichen.) Sie können ihn vor dem Kaminfeuer, auf dem Boden sitzend, essen oder während Sie sich in einem warmen Bad entspannen. Er verlangt keinen höchst zierreich gedeckten Tisch und keinen Smoking, der zweitausend Mark gekostet hat. Kaviar ist sich selbst genug.

Er ist Speise für gute und für schlechte Zeiten, eine Belohnung nach Triumphen, ein Trost in Katastrophen. Er wird Ihnen köstlich munden an dem Tag, da Sie Ihre erste Million verdient haben, und, vielleicht noch besser, als letzte Geste des Trotzes vor dem Bankrott. Für Kaviar gibt es immer eine Entschuldigung, und wenn Ihnen nicht gleich eine einfällt, so essen Sie ihn einfach aus Gesundheitsgründen. Einem Gerücht zufolge tut Kaviar dem Menschen gut. Bei vierundsiebzig Kalorien pro Unze würde es Sie Tausende von Mark kosten, bevor Sie an Gewicht zulegen würden. Kaviar ist angeblich ein Aphrodisiakum, ein Heilmittel gegen Kater und ein Regenerationsmittel für eine überstrapazierte Leber. Er enthält siebenundvierzig Minerale und Vitamine. Der weibliche Stör macht nur einen Fehler beim Herstellen einer ansonsten makellosen Delikatesse — der Sodagehalt ist ein wenig hoch. Aber was soll's. Nichts ist vollkommen.

12

Die perfekte Zweitwohnung

Ich habe ihn früher überall in der Welt gesehen und beneidet. In Genf und Nassau tauchte er auf, in Nizza und Ibiza, und er war immer sofort erkennbar, selbst wenn ich nur einen flüchtigen Blick von ihm erhaschte — und auch den meist nur aus einiger Entfernung. Kennengelernt habe ich ihn nie; unsere Wege kreuzten sich immer nur in Flughäfen. Doch auf fünfzig Meter konnte ich ihn unter Hunderten von Mitreisenden identifizieren. Während wir uns mit plumpen Bündeln von Feriengepäck abrackerten — Skistiefel, Tennisschläger, Angelzeug, Taucherausrüstung, vollgepackte Flugtaschen — und in der Gepäckausgabe auf unsere zerbeulten Koffer warteten, wanderte er durch die Zollabfertigung, ohne durch mehr beschwert zu sein als eine Zeitschrift und ein paar Bücher. Mehr brauchte er nicht. Auf ihn wartete ja bereits alles in seiner Skihütte oder seinem Strandhaus. Er war der Mann mit einem zweiten Zuhause.

In der Theorie macht der Zweitwohnsitz einen Sinn. Er steht jederzeit zur Verfügung. Er liegt in einem äußerst begehrenswerten Teil der Welt, wo die Immobilienpreise mit den Jahren stetig weiter steigen sollten. Während Sie ein Sonnenbad nehmen oder die Piste hinunterjagen, können Sie sich sagen, daß Sie eine schlaue Investition getätigt haben. Während Sie Ihren Besitz genießen, können Sie sogar argumentieren, daß sein Wertzuwachs Ihnen effektiv umsonst Ferien beschert. Und dann gibt es da die Nebenvorteile: Das Wissen, daß Sie jederzeit nur mit dem Reisepaß aufbrechen können; das Gefühl, daß Sie nicht nur ein herumglotzender Tourist sind, sondern gewissermaßen ein Einheimischer ehrenhalber; den unwürdigen, aber angenehmen Kitzel von Status, der einem bei der Erwähnung der kleinen Absteige in Antigua oder in Val d'Isère übertragen wird. Für Sie kommt die dreiwöchige Pauschalreise nicht in Frage, die der Rest der Menschheit auf sich nehmen muß. Sie sind etwas Besonderes, der Mann mit einem eigenen Heim im Ausland.

So habe ich es auch gesehen, und wenn mir Menschen begegneten, die einen Zweitwohnsitz hatten, bat ich sie, mir von ihrem wunderbaren Glück zu erzählen. Anteilnehmend wurde ich zum Mitbesitzer eines Hauses in Port Antonio in Jamaika, eines Appartements in Gstaad, einer Studiowohnung in Paris, eines Bauernhauses in der Toskana und einer Yacht in Key West. Die kollektive Weisheit und Erfahrung ihrer Eigentümer haben mir ein Vermögen gespart und mich für immer vom Wunsch nach einem Zweitwohnsitz kuriert. Ich möchte kein Ferienheim besitzen. Dazu fehlt mir einfach die Kraft.

Da sind zunächst einmal die einfachen Dinge wie Bücher und Musik und Kleidung: Wo bewahrt man das alles auf, zu Hause oder im Heim fernab von zu Hause? Oder schafft man sich alles doppelt an? Wenn nicht, tritt ein unabänderliches Naturgesetz in Kraft, und Sie müssen erkennen, daß die Bücher, die

Sie wirklich lesen wollen, die Schallplatten, die Sie sich unbedingt anhören müssen, die alten und heißgeliebten Seidenhemden Tausende von Kilometern weit weg sind. Das ist ein kleines Problem, dem sich mit Geld oder teutonischem Organisationstalent beikommen läßt. Das ist aber nur der Anfang.

In der Annahme, daß Sie für einige sorgenfreie Tage zu Ihrem Zweitwohnsitz flüchten wollen, wann immer Ihnen danach zumute ist, werden Sie es nicht vermieten. Infolgedessen wird es Wochen und Monate leer stehen, und bei jedem Besuch werden die ersten Tage damit draufgehen, daß Sie Vorräte einkaufen, sich um kleinere Reparaturen kümmern und ganz allgemein dafür sorgen müssen, daß die Absteige bequem ist, wenn Sie sie wieder verlassen. Sofern Sie Glück haben, denn es kann viel schlimmer kommen.

Freunde, denen ein Bauernhaus in der Toskana gehört, trafen eines Jahres im Winter ein, um die ländliche Idylle über Weihnachten zu genießen, und fanden die Zufahrt zu ihrem Haus abgesperrt. Ein Bauer hatte beschlossen, daß sie über einen kleinen Teil seines Landes führte, und sein Territorium mit Beton und Ketten geschützt. Meine Freunde mußten bis zu ihrem Haus dreihundert Meter durch Dreck und Schlamm laufen, und im Briefkasten lag eine Benachrichtigung von dem Prozeß, den der Bauer gegen sie anzustrengen gedachte.

Der Eigentümer der Studiowohnung in Paris reiste im Frühjahr für eine Woche mit der Frau seiner Träume an und war eine schreckliche Sekunde lang fest überzeugt, daß da jemand im Badezimmer gestorben sei. Es war viel schlimmer. Ein Rohr war geborsten; die Exkremente der darüberliegenden Wohnung hatten sich wochenlang auf dem Boden angesammelt. Er hat die liebe, vertraute Sehnsucht nach Paris im April nie mehr zu empfinden vermocht, ohne die Erinnerung an die Klempnerarbeiten.

In Jamaika entdeckte unser Freund, daß sein Haus in Port Antonio nicht so leer war, wie er vermutet hatte. Eine Familie von Buschratten — den Geräuschen nach zu urteilen, eine recht große Familie — war dort eingezogen und hatte es sich gemütlich gemacht. Die Buschratte ist beim Essen nicht wählerisch und experimentiert, wenn sie nicht gestört wird, mit allen möglichen neuen Futtermitteln. In diesem Fall hatte sie ihren Speisezettel um Korbmöbel, Seife, Kerzen, Läufer und eine halbe Matratze erweitert.

Vor solchen Überraschungen, werden Sie einwenden, kann man sich aber doch durch die Anstellung eines Verwalters schützen, einer vertrauenswürdigen Seele, die sich um ihre Zweitwohnung kümmern wird, als ob es die eigene wäre. Leider wird der Verwalter jedoch solche Zuneigung für die Wohnung entwickeln, daß er mit einem Kombi anfährt und alle Gegenstände dorthin schafft, wo er sie besser im Auge behalten kann — wie es einigen Freunden in Spanien widerfuhr. Allerdings gehen die meisten Verwalter nicht ganz soweit. Wie mir berichtet wurde, begnügen sie sich in der Regel damit, täglich einmal vorbeizuschauen, um die alkoholischen Vorräte zu begutachten und Ferngespräche zu führen.

Ich bin von Natur aus kein Pessimist. Als ich mir diese Geschichten angehört hatte, trat an Stelle meines sehnlichen Wunsches nach einem Zweitheim ein Gefühl der Erleichterung, daß Einbruch und diebische Hausmeister nicht zu meinen Problemen zählen. Der Wunsch, jährlich woandershin zu reisen, war außerdem nach wie vor groß. Ferien auf gut Glück reizten mich nicht. *Timesharing* ebensowenig. Und ich habe mich Freunden nie gern länger aufgedrängt. (»Nach drei Tagen stinken Fische und Gäste«, wie ein altes dänisches Sprichwort so treffend formuliert.) Was ich mir wünschte, war der Vorteil eines Zweitheims — die vertraute, aber andere Umgebung — ohne die Schrecken des Eigentümers oder die Bürde des Teilzeitbesitzers. Ich glaube, die Antwort gefunden zu haben, obwohl es noch ein bis zwei Jahre dauert, bis ich mir da ganz sicher sein kann. Bis dahin setze ich meine Erkundigungen fort.

Die Idee ist ganz einfach. Sie funktioniert wie folgt: Mit einer Weltkarte in der einen Hand und einer Liste der bevorzugten Freizeitbeschäftigungen in der anderen suche ich mir einen Platz aus, der alle essentiellen wie erwünschten Erfordernisse erfüllt: Tennis, Windsurfing, Frauen — was immer in den bevorstehenden Jahren das Interesse wachhalten mag. Als nächstes folgen die kreatürlichen Bedürfnisse, und jetzt, da die menschliche Zivilisation ihre Arme weit ausgestreckt hat, sind diese gar nicht so schwer zu befriedigen, wie man befürchten könnte. Ob Ihre Vorstellung vom Paradies nun Skifahren in Australien oder Lachsfischen im schottischen Hochland ist, Sie dürfen davon ausgehen, daß vor Ihnen bereits jemand da war und ein Luxushotel eröffnet hat. Ziehen Sie los! Wohnen Sie dort!

Lassen Sie während Ihres ersten Besuchs Ihren Blick mit den Augen eines eventuellen Eigentümers schweifen, nicht als vorübergehender Gast. Wenn Ihnen gefällt, was Sie im Hotel sehen, und wenn Sie meinen, daß es Ihnen auch in Zukunft gefallen wird, so machen Sie sich mit dem Direktor bekannt, und lassen Sie ihn wissen, daß Sie sein treuer Dauerkunde zu werden gedenken. Lassen Sie sich von ihm die besten Zimmer und Suiten zeigen. Suchen Sie sich eines aus, und lassen Sie sich den Preis auf der Basis einer Serie von garantierten Reservierungen über einen Zeitraum von drei bis fünf Jahren geben. Er mag Ihnen einen Sonderpreis einräumen oder auch nicht; das spielt jedoch bei einem Menschen mit Ihren Mitteln keine Rolle. Was Sie auf diese Weise erreichen, ist wichtiger als ein paar Mark Rabatt; Sie sichern sich eine Vorzugsbehandlung.

Im Unterschied zu den Scharen von Gästen, die Jahr um Jahr in das Hotel einfallen, kennt man Sie persönlich; und mit einem frühzeitigen und wohlüberlegten Trinkgeld sind Sie nicht nur bekannt, sondern hoch geschätzt. Ihre Suite wird für Sie stets bereit sein, Ihre kleinen persönlichen Vorlieben werden stets beachtet, Ihre Post aufbewahrt werden; der Barkeeper wird stets wissen, was Sie gern trinken; Ihre Lieblingsplätze am Schwimmbecken und im Restaurant sind Ihnen sicher — Sie werden, um es mit einem Wort zu sagen, verwöhnt. Es gibt nur eine kleine Unannehmlichkeit, mit der man sich abplagen muß, und das betrifft die Ferienausrüstung. Es ist lästig und unnötig, mit der Last von Skiern und den Waffen zum Speerfischen und Bergstiefeln zu kommen und zu gehen. Wieviel einfacher wäre es doch, wenn das alles im Hotel aufbewahrt werden würde. Und wenn man schon einmal dabei ist — warum lassen Sie nicht auch gleich eine kleine Garderobe im Hotel? Ihr neuer Freund, der Hotelmanager, wird nur zu glücklich sein, einem so geschätzten und verläßlichen Gast einen kleinen Dienst zu erweisen, und damit sind die Tage des Koffertragens für Sie vorbei. Sie werden mit leichtem Gepäck reisen, genau wie der Mann, den ich früher beneidet habe.

Wenn Sie das einmal erreicht haben, verfügen Sie über einen idealen Zweitwohnsitz. Er wird vertraut und äußerst komfortabel sein. Die langweiligen Manöver der Wiederinstandsetzung sowie des Bettenmachens und Einkaufens bleiben Ihnen in Zukunft erspart. Sie sind gegen unangenehme Überraschungen immun. Freunde können kommen und gehen, ohne Sie in irgendeiner Form zu stören. (Es wird ihnen nichts ausmachen, wenn sie etwas weniger komfortabel untergebracht werden als Sie, solange Sie sie gelegentlich in Ihrer Suite bewirten.) Ihre Ferien werden genau so ausfallen, wie Sie es sich wünschen — nämlich als beträchtliche Verbesserung der Lebensqualität gegenüber dem Alltag.

Die Kosten für ein solches zweites Heim mit hundert Dienern und all den kleinen Aufmerksamkeiten, die ein bescheidener Mensch gern für sich beanspruchen möchte, variieren enorm, je nach der Anzahl der jährlichen Besuche und der Entfernung von Ihrem Hauptwohnsitz. Sie werden entweder hoch sein oder sehr hoch, und ganz bestimmt nicht unter fünfhundert Mark pro Tag; man kann dagegen natürlich auch die Kosten gewöhnlicher Ferien aufrechnen. Aber das ist beinahe nebensächlich. Die Frage ist eigentlich nur die, ob es sinnvoll ist, daß Sie Ihr Geld auf so vergnügliche Weise ausgeben, statt sich ein Eigenheim zu kaufen. Ich kann hier nur persönliche Beobachtungen und Schlußfolgerungen anbieten.

Ich wohne in Südfrankreich und reise jährlich mehrmals nach Paris oder London. Ich hatte irgendwann einmal daran gedacht, mir eine Wohnung in London zu kaufen — nichts Hochherrschaftliches, nur eine bescheidene Absteige, wo ich meine Anzüge ablegen und jährlich für zwei bis drei Wochen mein müdes Haupt ausruhen könnte. Doch nach einem Morgen in der Gesellschaft mit Grundstücksmaklern habe ich die Idee aufgegeben, weil die Grundkosten für eine kleine Wohnung in einem angenehmen Londoner Viertel heutzutage um dreihunderttausend Mark betragen. Dazu kommen die jährlichen Grundbesitzabgaben, die Instandhaltungs- und Haushaltskosten — insgesamt jährlich rund fünfzehntausend Mark.

Für diesen Betrag kann ich drei bis vier Wochen lang in einem meiner Lieblingshotels, dem CONNAUGHT HOTEL, wohnen. Ich kann mir Nacht für Nacht während des Schlafens meine Schuhe blank polieren lassen, ich kann im besten Hotelrestaurant Londons essen, ich habe Zimmermädchen, die mich aufmerksamt bedienen, und mein Schneider ist just um die Ecke. Zum Preis einer Wohnung könnte ich für die nächsten fünfundzwanzig Jahre drei bis vier Wochen im CONNAUGHT HOTEL verbringen. Mit ein bißchen Glück würde ich dort nach einer außergewöhnlich guten Mahlzeit sterben, in dem zufriedenen Bewußtsein, daß meine Leiche auf diskrete, stilvolle Weise aus der Welt geschafft würde. Der Service dort ist hervorragend.

13

Die wahre Zigarre

Das Rauchen wird heutzutage als solch gräßliche, unsoziale Gewohnheit betrachtet, daß jeder Mensch, der für Tabak ein gutes Wort übrig hat, damit rechnen muß, daß ihm das jüngste Gutachten des Gesundheitsministers gerollt um die Ohren geschlagen wird. Die Zigarette ist als Bösewicht abgestempelt. Bis zu einem gewissen Grad ist ihr längerer, dickerer, tiefbrauner Vetter mit derselben Vehemenz verfolgt worden, und das ist nicht fair. Eine Zigarre zu rauchen ist etwas völlig anderes, als an einer Zigarette zu ziehen. Der Rauch wird nicht inhaliert und der Körper daher nicht auf gleiche Weise belastet; er nimmt unendlich viel weniger Nikotin und sonstige Substanzen auf. Im übrigen ist das Vergnügen für den Mann, der mit einer Zigarre umzugehen weiß, unendlich größer. Das ist ein Unterschied wie zwischen der Stulle, die man mittags im Büro am Schreibtisch verzehrt, und einer Mahlzeit im Restaurant Lutèce.

Es muß natürlich eine echte Zigarre sein. Hier haben wir es nicht mit jenen kleinen, schmutzfarbenen Röhren zu tun, die in wiederverwertetem Papier gerollt, mit Sirup lackiert und einer Plastikspitze versehen sind. Solche Dinger mögen Zigarren heißen; doch eine Ähnlichkeit mit dem echten Objekt besteht kaum, und deshalb werden wir sie auf dem

Regal neben den Süßwaren im Halbdunkel vergessen.

Gute Zigarren kommen aus verschiedenen Teilen der Welt. Brasilien, Mexiko, Jamaika und Holland beispielsweise stellen ein achtbares Sortiment von Zigarren her, die nach Länge und Qualität variieren, von der kleinen holländischen Schimmelpenninck bis zu den eindrucksvolleren Macanudos aus Jamaika. Doch so ehrbar und gut sie zweifelsohne gemacht sind, steht doch außer Frage, woher die besten Zigarren kommen, nämlich aus Kuba, der Heimat des *puro*. Bernard Wolfe hat Kuba als natürlichen Feuchthaltebehälter bezeichnet. Keine andere Region der Welt hat diese besondere und exakte Kombination von Boden, Sonne, Wind und Wasser, die für die Kultivierung von Tabak prädestiniert ist. Und aus diesem Grund gibt es sonst auch keine andere Region auf Erden, die eine Zigarre hervorbringt, welche so vollkommen befriedigend aussieht, riecht und schmeckt wie eine echte Havanna. Als Folge des Handelsembargos aus den Zeiten John F. Kennedys sind die Havannas in den Vereinigten Staaten leider schwer erhältlich — dort muß man das Land verlassen, um sie legal kaufen zu können; aber die Reise lohnt sich.

Noch bevor Sie mit der Zigarre selbst in Berührung kommen, gibt es einige kleine Freuden zu genießen. Mit der Schachtel fängt es schon an — eine reichverzierte und doch funktionale Reliquie aus der Zeit vor der Erfindung von Plastik. Eine wahre Zigarrenschachtel wird aus Zedernholz hergestellt, das es dem Tabak erlaubt, zu atmen und weiter zu reifen.

Sie ist versiegelt — dem Aussehen nach mit einer Banknote (dem Exportdokument des betreffenden Landes) — und häufig mit jener Art barocker Zeichenkunst bedeckt, die Vorstellungen von Branntwein und Boudoirs heraufbeschwört: Schnörkel, Goldprägung, Vignetten von Damen mit Alabasterbusen und Herren mit Schnauzern, schwungvollen Unterschriften — alles, dessen sich Künstler im neunzehnten Jahrhundert bemächtigen konnten.

Wenn Sie die Schachtel öffnen, wird Ihre Nase mit einem klassischen Aroma verwöhnt, mit einem Bouquet, das einige stille Augenblicke genußvollen Verweilens verdient. Es ist ein eigenartig maskuliner Geruch, und man weiß, daß manche Herren ihre Kleiderschränke mit jenen dünnen Scheiben von Zedernholz ausgelegt haben, die die dicken Reihen der Zigarren trennten. (Der Gedanke, unterwegs wie eine Corona auf zwei Beinen zu duften, mag nicht jedem behagen, aber man kann, weiß Gott, nach Schlimmerem duften, wie jedermann bestätigen wird, der beim Gang durch die Kosmetikabteilung in Bloomingdale's in New York Spray abbekommen hat.) Kommen wir also zu den Zigarren, die so wohlhabend und gutgenährt aussehen wie eine Gruppe von Investmentbankern nach einem gelungenen Coup. Da beginnt das, was sich mindestens zu einer Dreiviertelstunde ungestörten Genusses dehnen sollte. Man darf sich mit Zigarren nie beeilen müssen; man sollte sie nie während eines Telefonats gedankenlos paffen. Je mehr Aufmerksamkeit Sie dem Zigarrenrauchen schenken, desto größere Lust wird es Ihnen bereiten; wenn Sie also gerade über kein ruhiges

Stündchen verfügen, heben Sie sich die Zigarre für später auf. Die mußevolle Zeremonie, einen der kleinen Triumphe der Natur vorzubereiten und zu rauchen, lohnt die Investition von Zeit.

Ein Raucher, der etwas von der Sache versteht, wird eine Zigarre stets gründlich begutachten, bevor er sich festlegt. Das ist keine Affektation. Zigarren sind von Menschenhand hergestellt, und Menschenhände sind fehlbar. Manchmal werden Zigarren unter nicht geeigneten Umständen aufbewahrt, was fatal sein kann. Eine Zigarre in ihrer Bestform wird, wenn Sie sie zwischen Daumen und Zeigefinger rollen, sich fest anfühlen und bei Druck leicht elastisch nachgeben. Brüchige Zigarren schmecken nicht gut; man sollte sie beiseite legen für Raucher mit weniger Qualitätssinn wie beispielsweise Politiker.

Wenn die Zigarre Ihrem Auge, Ihrer Nase und Ihren Fingern zusagt, folgt als nächstes das Anschneiden des Deckblatts am Mundstück der Zigarre — damit der Rauch angesogen werden kann. Rambo — sollte er je so etwas Unamerikanisches tun, wie eine kubanische Zigarre rauchen — würde die Spitze wahrscheinlich einfach abbeißen. Empfindsamere Gemüter benutzen einen Zigarrenanschneider oder gar einen scharfen Fingernagel, um eine kleine Öffnung zu machen. Der Schnitt sollte sauber und nicht zu tief sein; wenn man einer Zigarre mit Taschenmesser oder Zahnstocher in das Mundstück sticht, wird man einen Trichter schaffen, der heißen, bitteren Rauch verursacht.

Die letzte Phase vor dem Anzünden steht jedem frei. Soll man die Bauchbinde — das Miniaturkunstwerk gleich unterhalb des Mundstücks — entfernen oder belassen? Zur Zeit der Erfindung — sie wird häufig dem Holländer Gustave Bock zugeschrieben —, diente sie einem praktischen Zweck; sie sollte nämlich verhindern, daß sich während des Erwärmens der Zigarre das äußere Deckblatt löst. Dank der zuverlässigen modernen Klebetechniken besteht solche Gefahr wohl kaum mehr; also handelt es sich nur noch um eine ästhetische Frage: Sind Ihnen Ihre Zigarren verziert oder nackt lieber? Beides ist prima; nur Pedanten machen bei dieser Frage ein Theater.

Sie haben inzwischen also gerollt und geschnuppert und gedrückt und angeschnitten. Es ist soweit, daß Sie Ihre Zigarre anzünden. Und wieder einmal ist eine gewisse Finesse nötig; es empfiehlt sich, gewisse Naturgesetze zu beachten. Insbesondere sollten Sie nie ein Gasfeuerzeug benutzen — es sei denn, Sie lieben den Geschmack von Gasdämpfen. Sie sollten auch der Versuchung widerstehen, sich über den Tisch vorzubeugen, um ins Dekolleté Ihrer Geliebten äugen zu können, während Sie die Zigarre an einer Kerze anzünden. Wachs und Tabak mischen sich nicht. Nehmen Sie ein Streichholz. Bringen Sie die Flamme, wenn Sie die Zigarre im Mund halten, dicht an die Spitze heran (bis etwa einen Zentimeter davor), und bewegen Sie sie, so daß ein leises Summen entsteht, das am Rand beginnt und sich zur Mitte fortsetzt.

Nun dürfen Sie sich zurücklehnen und Ihren ersten luxuriösen Paff tun. Zigarrenrauch hat eine so reichhaltige Textur, daß Inhalieren völlig unnötig wird; es genügt, den Rauch für ein paar Sekunden im Mund zu halten, bevor Sie ihn sanft himmelwärts blasen. Und während Sie beobachten, wie er — dicht, blaugrau und aromatisch — in der Luft schwebt, fällt es Ihnen nicht schwer, sich auszumalen, wie das, was Sie gerade rauchen, von einer kubanischen Schönheit mit der Hand auf ihrem langen, braunen Schenkel gerollt worden ist. (Ich wage zu bezweifeln, daß diese köstliche Sitte noch existiert, aber ein Mann darf ja wohl noch träumen.)

»Der Zigarrenraucher«, hat Marc Alyn geschrieben, »ist ein ruhiger, bedächtiger Mensch, der seines Windes sicher ist.« Sie werden nie erleben, daß geübte Zigarrenraucher rasch und nervös paffen. Sie konzentrieren sich — wenngleich auf entspannte und manchmal gar tranceartige Weise — auf den Genuß des Augenblicks. Diese Stimmung müßiggängerischen Wohlbefindens, die eine gute Zigarre spendet, ist vielleicht die größte Attraktion. Sie besitzt sogar gesellschaftliche Vorzüge; denn diese milde Form von Euphorie beugt hitzigem Argumentieren vor. Eine Zigarre, die siebzig Mark kostet, würde nur ein Volltrottel verschwenden, indem er sie zur Betonung einer These zerdrückt oder aus Zorn ausmacht.

Trotz ihrer beruhigenden Wirkung behindert eine Zigarre keine Unterhaltung. Ganz im Gegenteil — sie fördert das zufriedene, genießerische Zuhören. (Warum, glauben Sie, werden Zigarren wohl nach einem förmlichen Diner angeboten? Doch, um das Publikum wohlwollend zu stimmen, gleichgültig, wie lang und schrecklich die Reden werden mögen.) Geschichten, die bei einer Zigarre erzählt werden, sind lustiger, Beobachtungen sind profunder, Pausen angenehmer; der Cognac ist weicher, das Leben insgesamt rosiger. Eine Stunde mit einer guten Zigarre in der Gesellschaft von Freunden bedeutet Ferien vom Unsinn des Lebens.

Natürlich gibt es die richtige und die falsche Art, Zigarren zu rauchen, und wer es gut mit ihnen meint, tut wohl daran, folgende Regeln einzuhalten:

— Uns allen sind schon kleingewachsene Männer mit kleinen Gesichtern begegnet, die sich vergeblich mühten, mit einer Zigarre entspannt zu wirken, die für sie mehrere Nummern zu groß war. So etwas kann nicht funktionieren. Wählen Sie eine Zigarre, die zu Ihrem Gesicht paßt, von der kleinen Panatella (etwa elf Zentimeter lang) bis zur doppelten Corona (mit achtzehn bis zwanzig Zentimetern Länge). Für einen Mann mit konventioneller Gesichtsgröße ist wahrscheinlich eine normale Corona ideal.

— Behalten Sie Ihre Zigarre nicht im Mund. Es erschwert das Reden, und die Zigarre wird feucht.

— Zur Investition in einen Zigarrenhalter besteht keine Notwendigkeit. Eine Havanna mit einem Halter zu rauchen ist enttäuschend, vergleichbar etwa dem Erlebnis, einen guten Bordeaux aus einer Styroportasse zu trinken.

— Obwohl König Edward VII. gesagt haben soll, eine Zigarre löchere man am besten mit einer Lanze und wedle sie nach dem Anstecken in der Luft, sollte man sich großer Gesten besser enthalten. Sie werden die Asche sonst vorzeitig verlieren und für Ihre Begleitung eine Brandgefahr darstellen.

Die Kosten einer zigarre-motivierten Lebensfreude hängt gewiß davon ab, wie oft und wie ernsthaft Sie ihr frönen. Wenn Sie nur den gelegentlichen Luxus wünschen, ist es am besten, Sie kaufen sich Ihre Zigarren stückweise bei einem angesehenen Zigarrenhändler. Es hat keinen Zweck, eine Schachtel zu kaufen, wenn Sie vorhaben, im Jahr lediglich ein halbes Dutzend Zigarren zu rauchen, wenn die trockene Wärme der Klimaanlagen die Qualität der übrigen beeinträchtigen wird. Unter solchen Voraussetzungen werden die jährlichen Ausgaben höchstens dreihundert Mark betragen. Diese Summe gibt ein regulärer Raucher mühelos pro Woche aus. Ein passionierter Raucher wird seine Lebenshaltungskosten darauf abstellen müssen.

Gute Zigarren müssen so sorgsam aufbewahrt werden wie gute Weine. Zigarren bevorzugen ein warmes Klima — zwischen zwanzig und dreißig Grad, bei einer Luftfeuchtigkeit von siebzig Prozent. Da wir selten in solchen Bedingungen leben, müssen die Zigarren in einem Zigarrenbehälter aufbewahrt werden. Es gibt, das ist schon richtig, einfache und billige Zigarrenbehälter, die in einer Ecke Ihres Wohnzimmers Platz haben und durchaus zufriedenstellende Arbeit leisten. Doch wird Sie bald Kunde von einem Zigarrenparadies erreichen, wo die Bedingungen nicht nur ausreichend, sondern vollkommen sind. Unnötig zu sagen, daß der Reiz der Aufbewahrung von Zigarren nur noch erhöht wird, wenn sie unpraktisch ist und Zusatzkosten verursacht. Infolgedessen begeben Sie sich am Ende zu einem der großen Zigarrenhäuser wie Dunhill in

New York, um Platz in einem *humidor*-Raum anzumieten.

Ihr Privatsortiment wird dort nicht nur in den idealsten Verhältnissen außerhalb Kubas gelagert werden. Sie werden auch immense Befriedigung empfinden, wenn Sie dem schicken Yuppie im Büro, der Ihnen seinen neuen Porsche vorführen will, erklären können: »Tut mir leid, aber ich muß meinen Zigarren einen Besuch abstatten.«

14

Gäste im Haus

Meine Frau ist unheilbar gastfreundlich, und wir leben in der Provence. Das ist eine entsetzliche Kombination für jemanden, der wie ich gelegentlich das Bedürfnis nach Einsamkeit und geregeltem Tagesablauf empfindet, nach einem ordentlichen Leben, nach Zeit zum Lesen und all den anderen Vorteilen der Abgeschiedenheit auf dem Lande. Leider habe ich feststellen müssen, daß solche Lebensweise nicht funktioniert. Irgendwie taucht immer jemand auf, um mich in meiner Ruhe zu stören.

Als wir herzogen, erhielten wir eine Prophezeiung kommender Dinge — in Form eines Gästebuchs. Es hat mittlerweile Eselsohren; die Weinflecken werden immer zahlreicher; viele Seiten sind mit wirren Kommentaren über die sanitären Anlagen, die Qualität des Essens und das generelle Niveau von Service und Zufriedenstellung der Kunden gefüllt. Ich habe das Buch bis zum letzten Jahresende durchgesehen. Von Anfang Oktober bis Weihnachten hatten wir das Haus insgesamt nur zehn Tage lang für uns allein. Zehn Tage ohne Gäste — und das außerhalb der Hochsaison. Ich kann Ihnen gar nicht sagen, wie die Seiten des Gästebuchs in den Sommermonaten aussehen.

Das soll keine Beschwerde sein. Ich hoffe, mich damit jedoch als ein Mensch auszuweisen, der qualifiziert — oder vielleicht auch überqualifiziert — ist, sich übers Teilen des eigenen Heims mit einer Reihe von Gästen zu äußern. Da gibt es zweifellos einiges zu lernen, selbst wenn Sie ohne Lift im vierzehnten Stock wohnen und nur eine Couch anzubieten haben.

Wenn ein großer Bereich des täglichen Lebens mit Gästen geteilt wird, ist es vernünftig, sie zusammen mit den anderen regulären Ausgaben wie Spirituosen und Wäscherei im Haushaltsbudget zu berücksichtigen. Und wenn man Gäste als Ausgabeposten veranschlagt, ist es natürlich schwierig, zu vermeiden, die gleichen Kriterien auf sie anzuwenden, wie man sie bei jeder bedeutsamen Investition anlegt, etwa beim Autokauf. Man schaut sich also die Servicekosten an, die Kilometer pro Liter (Wein) und inwiefern die Kosten sich lohnen, außerdem technische Details wie die Fähigkeit der Gäste, sich morgens zu erheben. Die Daten sind unterschiedlich; kein Gast ist dem anderen vergleichbar.

Ganz oben auf der Liste, rot unterstrichen und mit einer Gesundheitswarnung bedacht, steht der Gast, der einem durch Blutsbande nahesteht und daher permanenten Anspruch auf das Extrazimmer und Gastrecht auf den bequemsten Sessel hat, auf die Zigarren, die man eigentlich für Weihnachten aufheben wollte, und auf die Vorräte an Malzwhisky. Es ist natürlich die privilegierte Gestalt des Verwandten, bei dem es sich um einen verarmten Vetter aus Arkansas handeln kann; um einen Onkel, der der Rennbahn verfallen ist und vor Spielschulden flüchtet; um die Schwiegermutter oder einen erst kürzlich geschiedenen Bruder: Der genaue Verwandtschaftsgrad ist belanglos; das Verhaltensmuster bleibt sich gleich. Die Sache muß irgendwie mit den Genen zu tun haben.

Verwandte treffen nicht in Ihrem Heim ein; sie besetzen es. Sie werfen die Schuhe von sich; beim Auspacken nehmen Sie den Fußboden des Wohnzimmers in Beschlag. Sie bemächtigen sich des Telefons, als seien sie, was Kontakt mit der Außenwelt betrifft, schier verhungert. Sie sind partiell blind: Schmutziges Geschirr und leere Flaschen nehmen sie nie wahr. Und dennoch... ihnen muß verziehen werden — alles. Sie gehören zur Familie. Sie dürfen sicher sein, daß sie gebührend lange bleiben. (Selbst wenn sie sich gelegentlich murmelnd vorwerfen, Ihr Haus wie ein Hotel zu betrachten, so bewahre sie Gott davor, daß sie sich so taktlos verhalten und einen Termin zum Auschecken angeben.) Ich halte mich selbst für ziemlich erfahren und schlau, doch ich habe immer noch keine effiziente Methode gefunden, mir einen entschlossenen Verwandten vom Leibe zu halten. Es gäbe da nur einen sicheren Selbstschutz: ein Waisenkind zu sein.

Es wäre jedoch unfreundlich, zu behaupten, daß Verwandten ausnahmslos und automatisch ein Ehrenplatz als schlimmster Gast zustünde. Für den gibt es viele andere Kandidaten, wie wir im Lauf der Jahre zur Genüge erfahren mußten. Die Zukunft wird uns bestimmt noch so manche Gelegenheit bieten, unsere Typisierung des Verhaltens von Gästen zu verbessern und zu verfeinern. Die folgende Aufstellung repräsentiert nur das Schlimmste, das uns bis dato begegnet ist. Namen sind ausgespart worden, um die Schuldigen zu schützen. Jedenfalls sollten potentielle Gastgeber es sich als Warnung dienen lassen, denn was gestern über unsere Türschwelle kam, kann morgen schon vor Ihrer Tür stehen.

Die Obdachlosen

Das Telefon läutet, meist spätnachmittags, der Anrufer und seine Begleiterin sind ohne Hotelbuchung gestrandet. Wer hätte das gedacht, daß es Mitte August so schwer sein könnte, ein Hotelzimmer zu finden. Glücklicherweise sind sie nicht weit von unserem Hause entfernt. Wäre es möglich, daß wir sie für eine Nacht bei uns unterbringen? Aus einer Nacht werden zwei, wird eine ganze Woche, weil im Umkreis von achtzig Kilometern alle Hotels ausgebucht sind — so wie es Hotels Mitte August eben immer sind.

Der unentbehrliche Topmanager

Er ist kaum eingetreten und schon mit seinem Büro in London am Telefon verbunden. Er hat seinen Schreibtisch vor kaum fünf Stunden verlassen, aber wer weiß, was alles geschehen sein könnte — der Postjunge könnte eine Management-Reorganisation in Gang gesetzt haben, ein Kunde in Not geraten sein, das Reich ohne den Kaiser zerfallen. Er verbringt seine Ferien bei uns, doch das Telefon wächst ihm an die Ohren; er legt es nur beim Essen zur Seite. Er redet ununterbrochen von seiner Arbeit und verläßt das Haus äußerst ungern, weil wir keinen automatischen Anrufbeantworter haben.

Der Mann mit dem unzerstörbaren Geldschein

Kleingeld hat er keines bei sich, nur seinen Fünfhundertfrancschein, also etwa hundertfünfzig Mark, und den wechselt ihm keiner, wenn er nur eine Zeitung kauft oder ein Päckchen Zigaretten oder ein paar Bier. So wird der Geldschein hervorgezogen und gelüftet, es kommen Entschuldigungen, daß er's nicht kleiner hat, und das Bezahlen übernimmt ein anderer. Es handelt sich ja nur um ein paar Francs. Aber wir gehen ja gemeinsam aus, zum Abendessen, und Restaurants nehmen Fünfhundertfrancnoten gern an. Aber da hat unser Mann sein Geld zu Hause gelassen und seine Kreditkarten mitgebracht, die das Restaurant jedoch nicht akzeptiert. Er verspricht, die Sache später zu regeln, und bestellt einen großen Cognac. Der Tag der Abrechnung wird durch verschiedene Taktiken hinausgezögert, und der Schein bleibt unversehrt.

Die Virusopfer

An den ersten zwei oder drei Tagen genießen sie das Leben. Sie essen, sie trinken, sie legen sich in die Sonne, und dann fallen sie um wie die Fliegen. Im *salade niçoise* muß etwas gewesen sein, was ihnen den Magen verdorben hat. Sie ziehen sich zurück ins Bett und verlangen mit schwacher Stimme nach einer Bouillon und weigern sich zuzugeben, daß es sich bei dem Virus um nichts weiter handelt als den Aufstand ihres Verdauungsapparats gegen die großen und ungewohnten Mengen von Rosé, den sie mit enormer Begeisterung getrunken haben. Der Arzt kommt und verschreibt Zäpfchen und Enthaltsamkeit, aber sie erholen sich nur langsam. Sie verlassen uns dünner und bleicher, als sie gekommen sind.

Die Mittagsgäste, die nicht gehen wollen

»Wir dachten, es sei Ihnen recht«, sagen sie bei ihrer Ankunft, »daß wir unsere Freunde mitbringen.« Aus dem geplanten Mittagessen für vier wird ein Essen zu sechst. Es wird sehr bald deutlich, daß wir auserwählt worden sind, sie einen ganzen Nachmittag und noch länger zu unterhalten, da sie uns wissen lassen, daß sie für den restlichen Tag nichts vorhaben. Sie leihen sich Badezeug, lassen sich am Swimmingpool nieder und machen sich um sieben Uhr mit einiger Enttäuschung wieder auf den Weg, wenn sie begriffen haben, daß das Abendessen in der Einladung zu Mittag nicht inbegriffen war.

Alle, selbst die liebenswürdigsten und wohlerzogensten Gäste kosten Geld, jeder für sich genommen keine Unsummen, doch alle zusammen immerhin soviel, daß sie, übers Jahr betrachtet, unseren größten Unkostenposten ausmachen. Es gibt ferner die unsichtbaren Kosten, die sich unmöglich berechnen lassen — die Folgen der Erschöpfung.

Das größte Problem mit Gästen — von dem für sein Büro unentbehrlichen Topmanager abgesehen — ist ebenso einfach wie unlösbar: Sie haben Ferien, wir dagegen nicht. Wir stehen morgens um sieben Uhr auf, und um neun Uhr sitze ich bereits am Schreibtisch. Sie schlafen in den Morgen hinein, wie Menschen auf Urlaub es eben tun, bis um zehn oder elf Uhr, und frühstücken in aller Ruhe in der Sonne. Eine gute Stunde am Swimmingpool, und sie sind reif für Aperitifs und Mittagessen. Danach begeben wir uns wieder an unsere Arbeit, und sie lesen oder rekeln sich in der Sonne. Durch ein Nickerchen in der Hängematte unter den Föhren erfrischt, kommen sie abends richtig in Fahrt und laufen zu geselliger Höchstform auf, während meine Frau und ich über der Suppe einschlafen. Ob sie zu Bett gehen? Nie. Jedenfalls nicht, solange die Nacht noch jung ist und der Wein fließt.

Theoretisch ist der Sonntag der Tag in der Woche, an dem wir uns ausschlafen, wie sie sonst auch, doch bisher hat noch jeder Gast einen der großen Sonntagsmärkte besuchen wollen, die morgens anfangen und mittags zu Ende sind. Also sind wir um sieben wieder auf den Beinen, um unsere verschlafenen und ungewöhnlich stillen Mitreisenden für einen

Morgen inmitten von Verkaufskiosken und Blumen und Antiquitäten in Isle-sur-la-Sorge auszufahren. Sie meinen vielleicht, wir hätten hier unten ein leichtes Leben, aber ich kann Ihnen versichern, daß es schwere Ansprüche an die allgemeine Substanz und die Leber stellt.

Und mehr als körperliche Widerstandskraft braucht man Geduld. Wenn man in der Stadt wohnt, kommen Gäste ja nicht zu Besuch, nur um uns zu sehen: Sie wollen einkaufen, ins Theater, zu Ausstellungen gehen und Sehenswertes besichtigen. Sie verlassen die Wohnung am Morgen, und meist kann man sie mit müden Füßen noch vor Mitternacht glücklich zu Bett bringen. Auf dem Lande gibt es weniger organisierte Vergnügungen und nicht soviel Ablenkung; die Hauptarbeit der Unterhaltung fällt dem Gastgeber zu. In unserem Fall hört es nicht bei Verlustigungen auf. Wir werden oft zu Laufburschen, wenn das Französisch unserer Gäste über das Studium der Speisekarte nicht hinausreicht.

Im vergangenen Jahr mußten wir notgedrungen mit Antiquitätenhändlern feilschen; die Rechnung von Reparaturwerkstätten anfechten; bei der Polizei Anzeige erstatten wegen einer gestohlenen Handtasche und wiederkommen, um die Anzeige zurückzuziehen, als die Handtasche unter dem Vordersitz des Autos entdeckt wurde; die Wechselgeldkurse bei der Bank nachprüfen und unzählige Umbuchungen für Flüge erledigen. Für unsere Gäste sind wir Dauerkunden bei der örtlichen Apotheke geworden; inzwischen besitzen wir sogar eine Hausapotheke mit halbleeren Ampullen von Mitteln gegen

Durchfall und Sonnenstich, Wespenstiche, Blasen, Heufieber und Leiden einer intim weiblichen Art.

Es wird langsam besser. Wir haben gelernt, nein zu sagen, wenn uns Bekannte anrufen, an die wir uns kaum zu erinnern vermögen, die jedoch auf einmal von einem Verlangen gepackt werden, uns wiederzusehen, möglichst für drei Wochen im Juli. Unfreundliche Gäste werden nicht wieder eingeladen, und die Leute, die jetzt bei uns wohnen, sind Menschen, bei denen wir wissen, daß wir mit ihnen leben können. Das Vergnügen ihrer Gesellschaft überwiegt die Anstrengungen und Kosten bei weitem.

Es freut uns, die Veränderung zu beobachten, die sie binnen weniger Tage durchmachen — aus verspannten, blassen Menschen werden gebräunte, lebensfrohe Wesen. Wir freuen uns daran, zu beobachten, daß sie die Provence so sehr lieben wie wir, wenn sie *boules* spielen lernen und zum erstenmal seit Jahren wieder eine Radtour unternehmen; wenn sie nicht mehr auf die Uhr schauen und sich an unseren Rhythmus gewöhnen. Solche Gäste zu haben ist ein Genuß. Sie machen uns eine Menge Spaß und erinnern uns an unser großes Glück, hier unten leben zu dürfen. Sie würden uns fehlen, wenn sie nicht kämen. Sie sind zur lieben Gewohnheit geworden.

15

Das Luxushemd

Zur Garderobe des Großen Gatsby gehörten viele Hemden. »Aufgestapelt wie Ziegelsteine, zwölf auf einem Haufen... Hemden aus reinem Leinen, aus dicker Seide und feinstem Flanellstoff — Hemden mit Streifen und Verzierungen, karierte Hemden, korallenrot und apfelgrün und lavendelblau und blaßorange mit tiefblauen Monogrammen.«
Gatsby war offenbar süchtig, und wenngleich man seine Schwäche für Korallenrot und Blaßorange und Zierwerk — das ganz besonders — leicht irritierend empfinden mag, gibt es doch keinen Zweifel, daß eine mit Hemden gut bestückte Garderobe einen tröstlichen Anblick bietet. An Hemden kann ein Mann nie zuviel haben. Ich bestimmt nicht. Und so begab ich mich denn leichten Schrittes und mit zitternder Börse zu Charvet, dem berühmtesten Hemdenmacher in Paris, um persönlich zu erleben, wie er über hundertfünfzig Jahre eine Serie von Kriegen, Rezessionen und die Launen der Mode überlebt hat. Erwarten Sie kein einfaches Geschäft. Das Haus Charvet, 28 Place Vendôme, beansprucht mehrere Stockwerke in einer der wertvollsten Immobilien von Paris. Die Decken sind hoch; man hat hier auch nicht versucht, die Räume mit verkäuflicher Ware vollzustopfen. Sie haben viel Platz, um Ihren Spazierstock mit Silberspitze herumzuwirbeln, wenn Sie

zwischen den Auslagen von Hemden und Krawatten hindurchflanieren, die im Erdgeschoß wie Inseln verstreut sind.

In der Ecke gab ein Mann einem Krawattenarrangement einen letzten Schubs und kam herüber — ob er uns helfen könnte? Mir fiel sein Hemd auf; er musterte das meinige. (Das ist bei Herstellern von maßgeschneiderter Kleidung eine komische Sache. Sie können es nicht lassen, das, was Sie anhaben, einmal kurz zu mustern. Es geschieht instinktiv. Ich kann nur hoffen, daß meine Krawatte richtig saß.) Er neigte lächelnd den Kopf, als ich erklärte, ich brauche ein paar Hemden. Er begleitete mich zu einem winzigen Lift. Wir fuhren zusammen nach oben. Er stellte sich als Joseph vor und notierte sich meinen Namen auf einem Block.

Wir traten aus dem Lift zu einer Kollektion von Hemden, bei deren Anblick den jungen Gatsby ein Schwindelgefühl erfaßt hätte. Joseph machte eine weitausladende Geste. Was wir uns vorstellten? Dies hier sei Konfektionsware — von makelloser Qualität, *naturellement*. Oder wollten wir vielleicht ... Er unterbrach, und ich nutzte dieses Stichwort, um mitzuteilen, daß ich Hemden nach Maß bevorzugen würde. Ah! In dem Fall, so erklärte Joseph, könnte ich zwischen zwei Alternativen wählen. Im ersten Fall werde das ganze Hemd nach meinen persönlichen Maßen konstruiert. Aber da gebe es einen Nachteil: Man muß in zehn Tagen wiederkommen, für die *essayage* oder Anprobe. Das ist für Charvet-Kunden nicht immer praktisch. Sosehr mir der Gedanke gefiel, zehn Tage lang in Paris die Zeit totzuschlagen —

ich mußte am nächsten Morgen weiter. Joseph war davon nicht erschüttert. Das sei kein Problem. Da könne ich mich für die andere Alternative entscheiden, die, wie er ausführte, die ideale Lösung sei für alle, die die Vorzüge eines maßgeschneiderten Hemdes ohne zehntägige Wartezeit genießen wollen. Es handle sich da um halbe Maßarbeit, die folgendermaßen funktioniert.

Man probiert eine Reihe von Hemden an, bis man die passende Größe findet — für Schultern, für Brust und Taille sowie die richtige Länge. Nach diesem bereits vorhandenen Schnitt wird der Rumpf Ihrer Hemden zugeschnitten. Das übrige wird nach Maß gearbeitet, genau nach Ihren Erfordernissen, und die Hemden werden Ihnen in drei Wochen zugeschickt. Ein genialer Kompromiß.

Ich wurde in die Umkleidekabine gewiesen und erhielt ein halbes Dutzend Hemden zum Probieren. Als wir die Körpergröße erreichten, die bequem saß und Josephs geübten Blick zufriedenstellte, rief er über Telefon den *tailleur* oder Chefschneider herbei — einen gewandten, exquisit behemdeten Gentleman, der ein Metermaß um den Hals trug.

Das Metermaß wechselte auf meinen Hals. Dann maß er die Abstände zwischen Schultern und Ellenbogen, zwischen Ellenbogen und Handgelenken und den Umfang der Handgelenke, wobei er fürs linke ein wenig zugab — damit meine Armbanduhr Platz hatte. Joseph notierte sich meine Maße auf seinem Block.

Dann ein weiterer Ausflug mit dem Lift zum Tuchraum, und hier wäre Gatsby vor Vergnügen ohnmächtig geworden. Da gab es Seidenstoffe und Leinen und Popeline und Oxfordtuch, ungemustert, mit dezenten Karos, buntkariert und mit allen erdenklichen Streifen, von kaum erkennbaren bis zum kaum mehr erträglichen — Ballen über Ballen von Stoffen, die bis in Kopfhöhe gestapelt waren und eine Fläche einnahmen, die etwa dem Billardzimmer eines Millionärs entsprach. So viele Rohhemden hatte ich mein Lebtag nicht gesehen, und ich erkundigte mich beim *tailleur*, wie viele verschiedene Stoffe dort lagerten. Tausende, erwiderte er. Gezählt hatte sie niemand. Es hätte eine Woche beansprucht.

Ich hätte eventuell auch so lange gebraucht, um meine Wahl zu treffen, wenn ich nicht bereits eine Vorauswahl für Tuche und Farben getroffen hätte, die die Tausende auf Dutzende reduzierte. Aber auch so wurde es gern gesehen, daß ich eine gewisse Zeit brauchte, bevor ich von einem opulenten Ballen zum nächsten ging. Manche Hemdenmacher werden Sie auf einen Stuhl setzen und Ihnen Musterbücher bringen; ich habe das nie für die beste Methode zur Auswahl eines Stoffes gehalten. Ein zehn Zentimeter im Quadrat großes Stück Tuch genügt nicht, um beurteilen zu können, wie der endgefertigte Artikel aussieht. Doch bei Charvet vermögen Sie mit Hilfe der Ballen — und ein klein wenig Nachhilfe von Joseph —, klar zu erkennen, wie der Stoff fällt und welche Farbe Ihnen gefällt, da Sie ja die ganze Breite einer Hemdenbrust vor sich sehen.

Nach einer guten Stunde entschied ich mich für einen *Sea-Islands*-Baumwollstoff, der sich wie Seide anfühlt, ohne die entsprechenden Probleme beim Waschen zu verursachen. Joseph war einverstanden und brachte mich mitsamt der Ballen in einen kleinen separaten Raum, wo wir über die Wahl von Kragen und Manschetten nachdenken konnten. Wie körperlose Nacken und Handgelenke waren an der Wand Streifenkragen, Breitkragen, Kragen mit langen und kurzen Spitzen, gestärkte und ungestärkte Kragen sowie Tonnenmanschetten, französische Manschetten oder auch aufklappbare Manschetten mit Knöpfen ausgestellt — insgesamt auch hier eine Auswahl, die einen in der Freude über die eigene Unentschlossenheit in eine anhaltende Trance versetzen könnte.

Wir wählten. Joseph war jedoch noch nicht ganz mit mir fertig. Ob ich auf den Ärmeln über den Manschetten Knöpfe haben möchte? Sie verhindern, daß der Schlitz zwischen Handgelenk und Arm offensteht, und sichern ein sauberes, flaches Finish. Ich optierte für die Knöpfe.

Und wie ich zur Frage des Monogramms stünde, fragte Joseph. Ich erwiderte, daß mir Monogramme extrem mißfallen, vor allem, wenn sie auf der Manschette prunken oder komisch eingestickt sind, in japanischen Hieroglyphen, die man etwa übersetzen könnte mit: »Nehmen Sie Ihre Hand von meiner linken Brust.« Joseph nickte. Er hatte die Monogrammfrage einmal mit einem amerikanischen Kunden diskutiert, und der hatte geknurrt: »Ich weiß, wer ich bin.« Keine Monogramme.

Uns blieb noch eine geschäftliche Kleinigkeit, das, was die Franzosen gelegentlich mit erbarmungsloser Genauigkeit *la douloureuse* nennen — der schmerzliche Moment des Zahlens. Selbstverständlich war dafür eine weitere Expedition mit dem Lift erforderlich. Während des Wartens bemerkte ich eine eingerahmte Urkunde an der Wand. Sie trug das Datum 1869 und stammte vom Prinzen von Wales, der die Güte hatte, zu bestätigen, daß Monsieur Charvet in Paris sein offizieller Hemdenmacher sei. (Der Prinz hatte anscheinend in allen Städten, die er regelmäßig besuchte, einen Hemdenmacher, vermutlich als Gegenmaßnahme zur Langsamkeit der Wäschereien in der Viktorianischen Zeit.)

Das Begleichen von Rechnungen fällt bei Charvet in die Zuständigkeit eines Herrn, der an einem Schreibtisch sitzt, während an einem Tisch hinter ihm eine junge Dame Hemden und Krawatten und Tücher in Seidenpapier faltet, bevor sie sie in Charvet-Kartons bettet. Sie können bar zahlen oder mit dem Scheck einer französischen Bank oder mit einer Kreditkarte — doch gleichgültig, welche Zahlungsweise Sie wählen, Sie werden ein gerüttelt Maß Selbstbeherrschung aufbringen müssen, um ein lautes Einatmen zu vermeiden.

Ich habe meine Rechnung vor mir liegen. Halten Sie Ihren Atem jetzt an, damit Sie später die Fassung bewahren. Jedes Hemd kostet tausendneunhundert Francs, also rund sechshundert Mark. Zugegeben, der *Sea-Islands*-Baumwollstoff ist teurer als Popeline, und ein Konfektionshemd kostet bloß dreihundert Mark. Doch es wäre eine Schande, Charvet aufzusuchen und das Erlebnis zu versäumen — die gemütliche Besichtigung des Stoffraums, das Nachdenken über Kragen und Manschetten, die angenehmen Liftfahrten und die ungeteilte Aufmerksamkeit, die Joseph einem für den größten Teil eines Nachmittags schenkt. Für mich ist das eine angenehme Art, Maßhemden zu kaufen.

Und ich werde jetzt nie mehr einkaufen gehen müssen, jedenfalls nicht wegen Hemden. Ich besitze die Telefonnummer von Charvet. Charvet besitzt mein Anprobemuster und meine Maße. Wenn ich will, kann ich hier in der Provence bleiben und mit einem kurzen, unbedachten Telefonanruf Tausende von Mark ausgeben, und drei Wochen später müht sich der Briefträger mit einem Arm voller Charvet-Schachteln die Auffahrt herauf. Doch andererseits ist ein Besuch in Paris keine unzumutbare Härte, und der Stoffraum verdient eine zweite Betrachtung.

Joseph wünschte mir einen angenehmen Abend und begleitete mich zur Tür. Hinter der Place Vendôme ging die Sonne unter, und mir wurde klar, daß Charvet allen anderen Hemdenmachern eines absolut voraus hat, was mit Hemden gar nichts zu tun hat! Das Haus liegt nur zwei Minuten von der HEMINGWAY BAR im Ritz entfernt.

16

Mit Reben zaubern

Es war im Lauf einer feuchtfröhlichen, langen Karriere das erste Mal, daß mir zum Frühstück eine Auswahl an Weinen angeboten wurde.

Wir befanden uns im Dorf Bouzy im Herzen der Champagne und waren zu einer kleinen Erfrischung im Haus von Georges Vesselle eingekehrt, bevor wir uns dem Geschäft des Tages widmeten. Monsieur Vesselle ist ein gewichtiger gutmütiger Mensch, der ganz offenkundig die Meinung vertritt, daß die bescheidene Nahrungszufuhr eines normalen Frühstücks nicht ausreicht, um einen Menschen bis zum Mittagessen durchs Leben zu bringen. Sein Tisch bog sich unter Tellern voller *charcuterie* und guten, dicken Scheiben von *baguette* — dazu reichte er seinen eigenen Champagner. Und mit den geruchsintensiven örtlichen Käsen kamen dann einige wenige bauchige Flaschen des Bouzy auf den Tisch, des einzigen Rotweins, der in der Champagne hergestellt wird.

Das mag denjenigen unter Ihnen übertrieben vorkommen, die sich morgens mit einer Tasse schwarzen Kaffee und einem halben Sesambrötchen begnügen. Uns stand jedoch ein äußerst anstrengender Vormittag bevor, eine Arbeit, die einen empfindsamen Gaumen erforderte und einen wohlgeölten Magen. Unter solchen Umständen ist es meiner Ansicht nach stets weise, sich an die regionale Gepflogenheit zu halten. Die Einheimischen wissen darüber am besten Bescheid.

Zu der Reise war es aufgrund eines jener Augenblicke von Ehrlichkeit gekommen, unter denen ich von Zeit zu Zeit leide. Ich hatte in Gegenwart eines französischen Freundes gestanden, daß meine Kenntnisse über den Champagner dürftig seien, ja, daß sie im Grunde nur aus jenen Häppchen an Information bestünden, die ein gewöhnlicher Champagneramateur nach Jahren begeisterten Konsums absorbiert hat. Es gibt die großen Häuser und die kleinen Hersteller; es gibt den gelegentlich großen Jahrgang; es gibt schwerere und leichtere Geschmacksrichtungen, größere und kleinere Blasen — von dem bißchen Wissen abgesehen, war Champagner für mich ein festliches und romantisches Geheimnis, das zweifellos von Künstlern hergestellt wird, doch hatte ich nicht die leiseste Ahnung, wie sie das zustande brachten. So wie auch vollkommene *pommes frites* oder die Liebe einer Frau war Champagner ein Segen, den man dankbar hinnimmt.

Mein Freund war viel zu höflich, um auf mein Unwissen mehr als milde schockiert zu reagieren. Offenbar hielt er es aber für eine Bildungslücke, da er wenige Wochen später anrief, um mir mitzuteilen, er habe während der bevorstehenden *vendange* einen Intensivkurs für mich arrangiert. Angefangen beim Pflücken der Reben, sollte ich bei dieser Weinlese miterleben, wie Natur zu Nektar wird.

Und so war nach dem Frühstück in Bouzy der Moment für meine erste Lektion gekommen. Wir wurden zur Straße mit einem der schönsten Namen der

Welt gefahren — zur Avenue de Champagne in Épernay —, um mit der Nase und dem Gaumen von André Baveret Bekanntschaft zu machen.

Auch er ein gutmütiger, wohlgelaunter Mensch — die Champagne ist voll von ihnen. Monsieur Baveret trägt Jahr um Jahr die Verantwortung für den Geschmack und das Aussehen von Perrier-Jouët. Die Leichtigkeit und Feinheit, die Subtilität, die Finesse, die diesem Champagner seinen ganz besonderen Charakter verleihen, müssen alljährlich gleich bleiben, trotz unbeständigen Wetters und der manchmal schrulligen Eigenheiten der Weine. Diese Konsistenz unter wechselnden Umständen zu erreichen ist vielleicht das größte Problem, das jeder zu lösen hat, der einen berühmten Champagner komponieren muß. Und ein Champagner *ist* eine Komposition, so etwas wie einen natürlich gewachsenen Champagner gibt es nicht.

Als erstes muß man, wie Monsieur Baveret erläuterte, einkaufen — er führte uns an der Wandkarte, die die Dörfer und Weinberge der Champagne zeigte, auf Tour. Alles in allem umfaßt seine jährliche Auswahl Reben aus sechsunddreißig verstreut liegenden Rebenäckern, und diese werden in Mengen gemischt, die sich von Jahr zu Jahr ändern, je nach Änderungen in Geschmack und Güte. (Das ist ein Grund, warum Champagner nie per Computer zusammengestellt werden kann. Es gibt keinen Ersatz für einen begabten menschlichen Gaumen. Und Computer können nicht spucken, was, wie ich sehr bald erkennen durfte, ein wichtiger Teil des Entstehungsprozesses ist.)

Da hätten wir also unsere Reben; nun aber müssen sie zusammengetragen werden. Wir verließen das Büro und begaben uns nach nebenan in den Abschmeckraum, wo auf einem langen weißen Tisch ein ganzes Regiment grüner Flaschen defilierte. An jeder Ecke stand ein hüfthoher *crachoir*; man wurde zum Ausspucken ermutigt, und das war nur gut, denn die Weine waren jung und oft so sauer, daß einem die Zähne zuckten. Während wir uns durchnippten und -spuckten, wuchs meine Bewunderung für jeden Menschen, der sich in einem derartigen Gewirr von Geschmacksnoten zurechtfinden kann. Gewiß, da gab es Unterschiede, die selbst für meinen ungebildeten Gaumen stark genug waren. Doch wieviel von dem einen und wie wenig vom anderen sollte der endgültige Verschnitt enthalten? Die Prozedur ähnelt in vieler Hinsicht der Herstellung von Parfüm, mit der zusätzlichen Komplikation, daß das Schlucken Freude bereiten muß.

Die Zeit war reif für einen Zaubertrick. Monsieur nahm etwas in die Hand, das wie ein übergroßes Reagenzglas aussah, und schüttete unterschiedliche Mengen der rauhen jungen Weine hinein, die wir gekostet hatten. Er schwenkte sie in dem Reagenzglas, fügte aus einer weiteren anonymen Flasche ein halbes Glas hinzu, schnupperte einmal gründlich und nickte. Es handelte sich um ein *cuvée* für Demonstrationszwecke — um uns eine Vorstellung davon zu geben, wie die Kombination von stechenden Geschmackstönen eine sofortige Weichheit produzieren kann. Das Gebräu war, wie durch ein Wunder, zum Trinken gut genug.

Gedanken an ein zweites Glas, um die Sache zu über-
prüfen, mußten wegen einer Fahrt aufs Land aufgegeben werden. Wir sollten zu Mittag in einer reno-
vierten Windmühle in Verzenay essen; etwas Leichtes, wurde uns mitgeteilt, um uns für die Lektionen
des Nachmittags zu stärken.

So etwas wie die Landschaft der Champagne gibt es
sonst nirgends auf der Welt. Sie ist nicht dramatisch
— langgestreckte sanfte Hügel zumeist, mit dem ge-
legentlichen Auftauchen eines Traktors, der in der
Ferne am Horizont reitet —, doch ein so sorgsam in-
stand gehaltenes Areal von etwa sechzigtausend
Morgen Land werden Sie nie wieder sehen. Wohin
Sie auch schauen, sehen Sie Sauberkeit, Ordnung
und dicke, wie mit dem Lineal gezogene Reihen von
Reben, die jede einzeln für sich zu gleichbleibender
Länge und Höhe getrimmt worden zu sein scheint.
Und wenn Sie das große Glück haben sollten, in die
Windmühle zu Verzenay eingeladen zu werden, wer-
den Sie ein weiteres typisches, eindrucksvolles und
unendlich belebendes Phänomen wahrnehmen: den
Mann mit der Magnum.

Er wartete auf uns, bis wir aus dem Wagen gestiegen
waren. Ein gerötetes Gesicht, dazu eine dunkelblaue
Mütze, eine weiße Schürze, weiße Handschuhe. Er
hielt den rechten Arm seitlich dicht am Körper und
am Ellenbogen angewinkelt; die Hand wiegte die
edle Magnumflasche von Grand Cordon 1985 de
Mumm. Falls es eine angenehmere Begrüßung geben sollte, so ist sie mir nicht bekannt.

Wie sich herausstellte, war der Grand Cordon nur
dazu gedacht, uns einen Anhaltspunkt zu geben,

von dem aus wir uns zu anderen distinguierten Champagnern emporarbeiten konnten, die folgten: Cramant de Mumm, Perrier-Jouët Belle Époque Rosé 1985, Cordon Rouge de Mumm — und alle wurden mit makelloser Zielgenauigkeit und absolut sicherer Hand auf eine so elegante Weise eingeschenkt, die zu imitieren ich nie imstande sein werde. Der Magnumexperte hält die Flasche nicht am Hals; er faßt sie auch nicht um die Hüfte, sondern hält sie von unten, mit dem Daumen in dem tiefen Grübchen an der Basis. Der Arm wird in seiner vollen Länge ausgestreckt und der Champagner mit solcher Gleichmäßigkeit und Präzision entleert, daß der Schaum genau am Rand des Glases haltmacht. In Anbetracht des beachtlichen Gewichts einer solchen Flasche, des bescheidenen Durchmessers eines Champagnerglases, des wilden Temperaments des Weines und des Ausgießens auf Armeslänge entfernt scheint dieses Ritual äußerst riskant. Ich kann mir die feuchten Spuren vorstellen, die *ich* hinterlassen würde.

Es ist ein Lob für die stimulierenden Eigenschaften des wirklich guten Champagners, daß wir um halb drei nicht nur wach, sondern auch noch so klar im Kopf waren, daß wir dem Nachmittag und unseren Studien über die Entwicklung von Trauben in die Flasche entgegenzusehen vermochten.

Es begann im Gebiet der weißes Trauben der Côtes de Blancs. Die Rebgärten, die bis auf die langsam und geduldig sich fortbewegenden Gestalten, die darauf achten, wie die Natur sich entwickelt, für lange Phasen des Jahres leer und verlassen sind, quollen über vor Menschen; in den schmalen grünen Gängen drängte sich das Völkchen der Herbstpflücker. Es war ein ideales Wetter für die *vendange*, mild und trocken; im übrigen hatte der Frost des späten Frühjahrs weniger Unheil angerichtet als erwartet. Es würde ein gutes, reiches Jahr werden.

Die Körbe wurden an die Sammelstellen am Ende der Rebgänge weitergereicht und mit dem Laster oder Traktor ins Dorf Cramant zu den wartenden *pressoirs* transportiert. Diese Kelter, riesige runde Holzfolterinstrumente mit Rippenwänden, sind so groß, daß sie auf einen Schluck Tonnen von Trauben aufnehmen können. Sehr langsam senkt sich von oben ein enormer Holzdeckel auf sie herab, bringt sie zum Platzen, zerdrückt sie. Der herrliche Saft rinnt in nicht sichtbare Kufen.

Dreimal werden die Trauben dieser erbarmungslosen Tortur ausgesetzt. Beim erstenmal wird der beste Saft extrahiert, der *tête de cuvée*; beim zweitenmal Saft, der für Verschnitte verwendet werden kann; der Rest wird für das lokale *eau de vie* destilliert, zum *marc de Champagne*, von dem es heißt, daß er die Haare auf der Brust zum Wachsen bringt. Kein Tropfen wird verschwendet. Es überrascht, daß ein Berg von Trauben zwei so unterschiedliche Getränke abgeben kann, das eine delikat und leicht, und das andere — nun ja, ich persönlich trinke gern *marc*, aber den Vorwurf, delikat zu schmecken, kann man ihm wirklich nicht machen.

Wir folgten der Route des Safts zurück nach Épernay, zu den Fässern, in denen er fermentiert wird. Ich sollte an dieser Stelle ein warnendes Wort aussprechen. Falls Ihnen je vorgeschlagen werden sollte, das Bou-

quet des Champagners in seiner Fermentierungs-
periode zu inhalieren, so lehnen Sie, wenn Ihnen
Ihre Nebenhöhlen lieb sind, höflich ab. Mir wirbelte
der Kopf. Die Augen tränten. Ich bat, daß man uns zu
einem weniger dampfigen Teil der Gewölbe führen
sollte. Wir verließen die Fässer und begaben uns auf
eine Expedition ins Innere der Erde.

Unter den beiden berühmten Städten Reims und
Épernay liegen kilometerlange Kellergewölbe und
Gänge; einige führen drei oder vier Stockwerke
nach unten; alle sind voller Regale mit Champagner.
In diesen kühlen, düsteren Höhlen schwankt die
Temperatur niemals. Die Flaschen können bei per-
fekten Bedingungen schlummern, ein dunkelgrüner
Berg nach dem anderen — für den Liebhaber von
Champagner ein Vorgeschmack des Himmels.

Wir befanden uns in den *caves* Perrier-Jouët, die
nach hiesigen Maßstäben nicht riesig sind, doch immerhin so groß, daß man sich leicht in ihnen verlau-
fen kann. (Und das mit größtem Vergnügen, da man
sich inmitten von zwölf Millionen Flaschen verläuft.) Die ältesten *caves* — sie liegen direkt unterhalb der Büros von Perrier-Jouët — wurden mit der
Hand aus dem Kalkboden geschlagen, und man kann
in den düsteren Bögen, die von einem Gewölbe zum
nächsten führen, die Narben von den Schlägen mit
der Spitzhacke sehen, die mit den Jahren nachge-
dunkelt sind. Weiter und immer tiefer hinein begaben wir uns, bis wir die Reihen zeltförmiger Holzgän-
ge erreichen, in denen jeweils Dutzende von Flaschen reifen.

Die mannshohen Regale sind im neunzehnten Jahrhundert erfunden worden, um das Problem des Bodensatzes zu lösen, das sich infolge der Fermentierung in den Flaschen bildet. Die Flaschen werden halsüber in ovale Löcher gesteckt, in einem steilen Winkel, damit der Bodensatz zum Korken hin sinken kann. Damit dies vollständig und gleichmäßig geschieht, muß dem Prozeß von Zeit zu Zeit ein wenig nachgeholfen werden: Die Flaschen müssen behutsam ein wenig angehoben und im Uhrzeigersinn gedreht werden. Man spricht von *remuage*, und trotz allen Experimentierens mit mechanischen Methoden ist die Technik noch immer nicht so weit gediehen, daß die menschliche Hand zufriedenstellend ersetzt werden könnte. Es muß eine kalte und einsame Arbeit sein; ein erfahrener *remueur* schafft bis zu dreitausend Flaschen die Stunde.

Nach der *remuage* kommt das *dégorgement*. (Sie müssen die französischen Ausdrücke verzeihen; doch die englischen und deutschen Äquivalente klingen einfach nicht elegant genug, um die Herstellung von Champagner zu beschreiben.) Der Hals der Flasche wird eingefroren, damit der im Eis eingefangene Satz entfernt werden kann. Die Flasche wird nachgefüllt, von neuem verkorkt, etikettiert und *voilà*! Was mit Reben in einem Acker begann, ist zum berühmtesten Getränk der Welt geworden. Welch eine Verwandlung!

Soll man Champagner sofort trinken oder ein bis zwei Jahre lagern? Oder noch länger — wenn es sich um einen besonders guten Jahrgang handelt? Die Fachleute sind uneins, wie es Fachleute meistens sind. Es gibt Stimmen, die warnen, daß ein zu lange gelagerter Champagner sein Temperament und seinen Charakter verliert und ein Schatten seiner selbst wird. Es kommt beim Champagner natürlich immer auf die Qualität an, und ich persönlich kann nach dem, was wir dort am letzten Abend genossen haben, nur auf die Qualitäten des Alterns schwören. Wir waren abends zum Diner im *hôtel particulier* von Mumm in Reims eingeladen worden. Da war er wieder, unser alter Freund, der Mann mit der Magnum, und während die Gänge auf- und abgetragen wurden, wurden auch der '85 Cordon Rouge und der '85 Grand Cordon Rosé gebracht. Fürs Finale wurde eine weitere Magnum an den Tisch gebracht, und zwar so behutsam, als handle es sich um eine steinreiche Erbtante, die man zu beerben hofft. Ich schaute auf die Speisekarte und bemerkte, daß die Flasche einfach als ›sehr alter Champagner‹ klassifiziert war. Ich hielt mein Glas gegen das Licht und beobachtete das Geflüster winziger Bläschen vom Boden aufsteigen. Was immer die Jahre außerdem noch bewirkt haben mochten — das Moussieren hatten sie nicht beeinträchtigt, diesem Wein jedoch ein ganz leichtes Toast-Bouquet verliehen, den *pain grillé* eines wahrhaft alten Champagners. Er schmeckte voll und delikat trocken. Er war dreißig Jahre alt, und in dem Augenblick habe ich mir fest vorgenommen, nie wieder billigen Champagner zu trinken. Dafür ist das Leben zu kurz.

17

Neujahrsvorsätze

Es ist halb zwölf Uhr an Silvester. Man fühlt sich wunderbar. Der *Krug* schäumt einem durch die Adern, schöne fremde Frauen drängen, um uns Punkt Mitternacht zu küssen, und vor uns liegt ein neues Jahr, das, wie ein uns wohlgesonnener reicher Onkel, viel verspricht. Es ist ein Moment, den alle genießen. Bis auf einmal jemand an einen herantritt — und so einen Menschen gibt es immer, er oder sie trinkt, nicht ohne einen vorwurfsvollen Blick, immer nur Mineralwasser — und wissen will: »Und was sind deine guten Vorsätze für das neue Jahr?«

Du meine Güte! Wer ist die Stimme des Schicksals, dieser häßliche Mahner des realen Lebens, der ausgerechnet jetzt, da die Party eben so wundervoll außer Rand und Band gerät, zu Zurückhaltung mahnt? Also gut, wenn Sie die Stimme an diesem Abend nicht erkennen, so bestimmt am nächsten Morgen, denn es handelt sich um nichts anderes als um die Stimme des eigenen Gewissens, das die Gestalt eines Menschen angenommen hat, der darauf wartet, daß Sie wenigstens eine von Ihren verabscheuungswürdigen, genüßlichen Angewohnheiten über Bord werfen.

Ich weiß nicht, wann das angefangen hat oder wann diese schreckliche Dosis Selbstverleugnung unseren ansonsten unbekümmerten Genen beigemischt wurde, aber an jedem Silvesterabend werden überall hinreichend gute Vorsätze gefaßt, um das Leben auf Erden so vergnüglich zu machen wie eine Konferenz des Verbandes der Bestattungsunternehmer. Wie wir noch sehen werden, kehrt die gesunde Einstellung allerdings bald wieder zurück. Aber erst, nachdem unsere guten Vorsätze uns teuer zu stehen gekommen sind.

Den zweiten Fehler — der erste besteht darin, überhaupt gute Vorsätze zu fassen —, begehen die meisten von uns in dem Moment, wenn wir sie hinausposaunen. Wir können die eigenen schrecklichen Pläne zur Besserung nicht für uns behalten. Wir müssen allen und jedem in Hörweite mitteilen, was wir beschlossen haben, und da Silvester Silvester ist, sind wir oft betrunken genug, es auch tatsächlich zu tun. Kein guter Anfang, auch wenn der dahinterstehende Gedanke auf eine irrationale Art lobenswert sein mag: Wir wissen, das Fleisch ist schwach; darum verpflichten wir uns öffentlich, um moralische Unterstützung zu finden und auf diese Weise unsere schwächliche Willenskraft zu stärken. Nichteinhaltung wird uns die Verachtung und Mißbilligung unserer Freunde bringen. Ein Versagen kommt nicht in Frage.

Um alles noch schlimmer zu machen — es genügt nicht, kleine, unaufdringliche Vorsätze zu fassen. Sich von oberflächlichen Büchern, nächtlichem Fernsehen, Eisbechern mit Früchten und Megaportionen von Schlagsahne oder der Gewohnheit zu trennen, Taxifahrer anzubrüllen — all das mag ein gewisses Maß an Selbstdisziplin erfordern, aber solche Opfer sind zu persönlich und unauffällig; sie würden von niemandem bemerkt. Und da eines der traditionellen Elemente der guten Vorsätze darin besteht, daß sie auffällig Wirkung zeigen sollten, tappen wir wieder einmal in die Falle. Man bedenke: Wir schwelgen in der Schwipseuphorie an Silvester — und nehmen uns eine BEDEUTENDE BESSERUNG vor.

Geschäftliche Dinge kommen dafür nicht in Frage. Aussagen über Ihren nächsten Schritt die Karriereleiter hinauf zählen nicht, außer sie beinhalten eine schmerzliche Veränderung Ihrer Lebensweise — wenn Sie beispielsweise Ihre Existenz an der Wallstreet aufgeben, um Mönch zu werden. Im allgemeinen funktioniert es nicht, ehrgeizige Pläne als gute Vorsätze zu deklarieren. Was bleibt da übrig?

In neun von zehn Fällen hat der BEDEUTENDE VORSATZ etwas mit physischem Aussehen oder Gesundheit zu tun. (Geistiges bleibt bei solchen Anlässen im Hintergrund, weil geistige Anstrengungen und Leistungen nicht sichtbar genug sind.) In vielen Fällen gehorcht man dem Naturgesetz des *horror vacui* — daß jede Leere ausgefüllt werden muß. So gesehen erfordert ein guter Vorsatz zwei Maßnahmen: eine unangenehme ungesunde Gewohnheit aufzugeben und sie durch eine gesunde Alternative zu ersetzen. Wenn das so unproblematisch wäre, wie Eiscreme herzustellen oder mit Joggen anzufangen, wären die finanziellen Nebenwirkungen minimal. Aber so einfach ist es eben nie.

Nehmen wir einmal an, Sie haben sich Silvester wirklich Großes vorgenommen. Sie wollen Rauchen und

Trinken aufgeben und zehn Pfund Gewicht verloren haben, bis Sie im Sommer am Strand auftauchen. Sie sehen vor Ihrem inneren Auge das neue, bessere Ich — ein muskulöser, entgifteter Adonis, der all die keuchenden, übergewichtigen Wracks rundum mit Neid erfüllt.

Der erste Januartag verläuft problemlos, weil man so phänomenal verkatert ist, daß man alle Konzentration benötigt, um sich an den Kopf fassen zu können. Mit fortschreitendem Monat aber läßt die Wirkung des Vorsatzes nach. Die Flasche ruft. Schon der Gedanke ans Rauchen reicht, um Schwindel auszulösen, und eine große Dose *foie gras* scheint Sie in der ganzen Wohnung zu verfolgen. Wenn die Versuchung überwunden werden soll, sind strenge Maßnahmen erforderlich.

Deshalb verschenken Sie die Objekte der Versuchung an ungläubige, aber dankbare Freunde: die Kiste Portwein des Jahrgangs 1955, das kostbare halbe Dutzend Flaschen mit altem Cognac, den Zigarrenbehälter mit dem Besten, was Alfred Dunhill zu liefern vermag, die *foie gras* — weichet von mir und hebet euch von dannen!

Solch edler, doch kostspieliger Geste folgt oftmals die Erkenntnis, daß Sie ein paar Krücken aufgegeben haben und nun dringend ein paar andere benötigen. Keine Sorge. Die Gesundheits- und Fitneßindustrie ist bereit, spannt die Brustmuskeln und lockt mit Versprechungen herzmuskulöser Seligkeit. Sie brauchen bloß Ihre individuelle Form der Übung zu wählen und einen Bankkredit aufzunehmen.

Einer der Hauptgründe für das spektakuläre Wachstum der Ausgaben für Fitneß, das wir während der letzten Jahre beobachten konnten, liegt höchstwahrscheinlich in der unwiderstehlichen optischen Präsenz der Ausrüstungen. Das Zeug sieht einfach umwerfend aus — von aerodynamisch gestylten Schweißsocken bis zur hochtechnologischen Privatturnhalle. Die Tennisschläger könnten direkt aus dem Museum für moderne Kunst stammen. Die bescheidene Hantel, ehemals ein fader Eisenklumpen, wird heutzutage verchromt und poliert, bis sie einer Kurbelwelle aus dem Motor eines an die dreihunderttausend Mark kostenden Ferrari ähnelt.

Sie entdecken sehr bald, daß all das nicht wirklich billig ist. Aber, so sagen Sie sich, wenn Sie Ihre guten Vorsätze ernst nehmen sollen, müssen Sie seriös ausgerüstet sein. Es geht hier nicht um Extravaganzen; hier geht es nur um Besserung. Und im übrigen kann das Kaufen solcher Dinge Spaß machen. (Viel mehr Spaß, wie Ihnen bald klarwerden wird, als sie zu benutzen.) Und wenn Sie schon dabei sind — warum mischen Sie sich eigentlich nicht unter andere gesund lebende Menschen mit eisernem Willen? Warum treten Sie nicht einem Fitneß- oder Tennisclub bei? Gesagt, getan — trotz der wahnsinnig teuren Beitritts-und Jahresgebühren.

Um mehrere Hunderter erleichtert, können Sie sich nun an die Arbeit machen. Sie tut weh. Sie ist, wie das so häufig bei Körperübungen vorkommt, monoton. Der Corpus schmerzt nach jeder Stunde — also geschehen vermutlich wohltuende physische Veränderungen. *Sichtbare* Veränderungen zeigen sich nicht. Ihnen gelten im Büro keine Aufschreie der Bewunderung seitens der Damen. Das Zentimetermaß gibt keine dramatischen oder auch nur vage ermutigenden Veränderungen zu erkennen. Der Foltermeister im Turnsaal, ein junger Mann, der aus blankpoliertem Marmor zu bestehen scheint, statt aus Fleisch und Knochen, beteuert, das sei kein Grund zur Sorge. Es dauert eben alles ein bißchen. Wie lange? Ach, drei Monate, vielleicht ein halbes Jahr. Hängen wir noch einmal hundert Liegestütze dran. Danach können wir uns auf die Reservebank begeben. Ein halbes Jahr! Es dehnt sich vor Ihnen, schmerzlich und alkoholfrei, und Sie beginnen sich zu fragen, ob der Zweck die Mittel rechtfertigt. Wenn es in Ihrem Bewußtsein den Anflug eines Zweifels gibt, sind Sie erledigt. Ich verfüge über keine statistischen Unterlagen über die Erfolgsquote der Neujahrsvorsätze, doch persönliche Erfahrungen und Beobachtungen verleiten mich zu der Annahme, daß Mißerfolg mindestens so häufig ist wie beim Versuch, einen ersten Roman zu schreiben oder den Mount Everest zu besteigen. Als allgemeine Regel läßt sich festhalten: Wer aufgibt, was er schätzt, um sich dem zuzuwenden, was er meint, tun zu müssen, ist zu Mißerfolgen verdammt. Ich glaube, es war Oscar Wilde, der einmal gesagt hat: »Bescheidenheit in allen Dingen — die Bescheidenheit nicht ausgenommen.« Das ist aus dem Grund weise, weil es den natürlichen Instinkt des Menschen berücksichtigt, von Zeit zu Zeit zu entgleisen und sich herrlich gehenzulassen; das vergessen die meisten guten Vorsätze. Sie setzen auf alles oder nichts, sind unnormal streng und auf ihre eigene Art und Weise exzessiv. Aus ebendiesem Grund wenden sich etwa Mitte Februar Millionen Menschen mit unterschiedlich hohem Schuldbewußtsein und bemühter Selbstrechtfertigung wieder ihren alten Gewohnheiten zu. Die Ausrüstung erinnert sie täglich an Ihr Leistungsversagen — deshalb wird sie versteckt oder verschenkt. Und damit hat sich's — bis zum nächsten Silvester.

Ich habe diesen albernen Unsinn jahrelang mitgemacht. Inzwischen habe ich die Gewohnheit, gute Vorsätze zu fassen, an den Nagel gehängt. Ich nehme mir zwar Dinge vor, aber die sind Jahr um Jahr gleich, und bisher habe ich sie einzuhalten vermocht. Ich nenne sie hier als Empfehlung, in der Hoffnung, daß sie Ihnen helfen, so wie sie mir geholfen haben. Sie lauten: Vermeide unnötige Ausgaben, verdränge Schuldgefühle und mach es möglich, das neue Jahr mit einem klaren, durch nichts getrübten Blick zu begrüßen.

18

Das Hotel der Handarbeit

Es war Conrad Hilton, wenn ich mich nicht irre, der als erster auf die Idee kam, daß Reisen immens angenehmer wäre, wenn es sich zu einem möglichst großen Teil in vertrauter Umgebung abspielte. Ferne Orte mit seltsam klingenden Namen sind ja ganz schön, vorausgesetzt, daß es zum Frühstück Rührei gibt und eine Klimaanlage und eine funktionierende Warm- und Kaltwasserleitung und Menschen, die Englisch sprechen, wenn auch mit einem komischen Akzent. Wir wollen ja durchaus die einheimischen Bazaars in Paris erkunden und in die höheren Lagen der Via Veneto vordringen. Was der erschöpfte Reisende jedoch braucht, wenn er sich den lieben langen Tag lang bis zum Hals unter Fremden bewegt, ist ein Drink mit einer Menge Eis, ein normales Abendessen, das man ohne Übersetzer bekommt, ein anständiges Badezimmer und ein anständiges großes Bett. Wie zu Hause.

Wie jedermann weiß, war die Theorie Hiltons weltweit ein Erfolg. Und das aus einem einfachen Grund: Selbst wenn Sie nicht immer ganz genau wußten, wo Sie sich befanden, wußten Sie doch stets, was Sie erwarteten. Es gab nie böse Überraschungen. Zwar tauchten wohl schon mal ein paar Tupfer an Lokalkolorit auf — Mangos statt Orangensaft, Kellnerinnen in Sarongs statt in Röcken —, doch alles in allem spielte es eigentlich keine Rolle, ob Sie in Tokio oder in Mexico City einschliefen. Die Unterkunft war auf eine Weise standardisiert, die selbst im Herzen überaus exotischer Gegenden Komfort, Zufriedenheit und Vertrautheit garantiert.

Wenn es dabei geblieben wäre — eine Möglichkeit zu reisen unter vielen —, wäre alles in Ordnung gewesen. Leider erwies sich die Idee als so populär, daß sie von einer Hotelkette nach der anderen übernommen wurde, allerdings mit unterschiedlichen Graden örtlicher Tarnfarben, die dazu dienen sollten, der multinationalen Formel eine persönliche Note zu verleihen. Mit lautstarken Erklärungen, daß sie den Eigencharakter eines jeden Hotels, das sie schluckten, bewahren würden, standardisierten die Besitzer der Hotelketten alles, was sich nur standardisieren ließ, von der Badezimmereinrichtung bis zu Farbmustern. Am Ende blieb nur noch eine einzige Möglichkeit, herauszufinden, in welcher Stadt man aufwachte — nämlich beim Aufstehen sofort das Telefonbuch zu suchen.

Das alles wäre eventuell wieder verschwunden in einer Zeit, in der Reisende abenteuerlustiger wurden, wäre da nicht vor rund zwanzig Jahren ein neuer einflußreicher Kunde des Universalhotels aufgetaucht — die neue Rasse eines Nomaden, der inzwischen auf den urbanen Oberflächen der Erde überall in Erscheinung tritt. Er ist der Prototyp des Gastes überhaupt, der Großausgeber, der Mensch, der, ohne je an die Kosten zu denken, Rio genau so selbstverständlich anwählt wie den Etagenservice — der wichtigste und gewinnbringendste Einzelkunde, den ein

Hotel sich nur wünschen kann. Er ist der vielbeschäftigte, erfolgreiche und generös bemittelte globetrottende Topmanager. Nach ihm richten sich heutzutage die meisten Hotels.

Weil wir in einer Epoche leben, da jeder Aspekt unseres Verhaltens einem Computer in den Rachen geworfen und von ihm analysiert wird, steht außer Zweifel, daß die Launen und Befindlichkeiten des neuen Nomaden bis ins Detail festgehalten und untersucht worden sind. Ich habe die Ergebnisse solcher Forschungen persönlich nie schwarz auf weiß zu Gesicht bekommen, aber wozu brauche ich schon solch ein Dokument? Der Beweis ist in Hotels auf der ganzen Welt zu sehen. Nachdem ich in Amerika, Australien, Deutschland, England, Frankreich, Italien und der Schweiz persönliche Forschungen betrieben habe, glaube ich, recht genau zu wissen, was der Konzernheld von einem Hotel verlangt.

Erstens braucht er eine großräumige Lobby, möglichst ein Atrium, in dem um das Mobiliar ein junger Wald in die Höhe schießt. Nicht aus ästhetischen Gründen; auch nicht, um ihm das Gefühl zu vermitteln, er habe nach einem Tag wilden Herumhackens eine Oase der Waldesruh betreten. Nein. Er braucht so ein Foyer als Riesenbüro. Da ist für ihn genug Platz, um sein Attachéköfferchen zu schwingen. Unter dem Feigenbaum kann er eine Konferenz abhalten, Drinks ordern, Telefonanrufe entgegennehmen, Warenmuster vorführen und die Lokalität ganz generell wie eine zeitweilige Erweiterung der Wallstreet oder der Madison Avenue betrachten.

Er benötigt mehrere Bars: Eine fürs Geschäftliche,

die so hell beleuchtet ist, daß er Verkaufszahlen und Verträge lesen kann; eine mit gedämpfter Beleuchtung für erotische Zwecke — man weiß ja nie, wem man in die Arme läuft —, wo man aus drei Meter Entfernung bestimmt von niemandem erkannt werden kann; und eine auf seinem Zimmer.

Das Zimmer selbst muß mit Zubehör, Beiwerk und einer Reihe von Dingen ausgestattet sein, die das Bedürfnis nach persönlichem Kontakt mit dem Hotelpersonal auf ein Minimum reduzieren. Statt, wie auf herkömmliche Weise, mündlich zu kommunizieren, kann der Manager auf vorbereiteten Listen und Blöcken Aktennotizen ans Hotel schreiben: Da gibt es den Wäschezettel, das Frühstücksformular, die Belegscheine für die Barbenutzung und so weiter. (Irgendwann einmal wird all das von einem elektronischen Befehlssystem überholt worden sein, das es dem Gast erlaubt, in das Frühstücks-Hauptmenü oder in die Datenbank der Trockenreinigung einzugreifen, aber das Endergebnis wird das gleiche sein: moderne, unpersönliche Funktionalität.)

Das ist vermutlich das, was die Geschäftswelt auf ihren Reisen wünscht. Ich wünsche das nicht. Wenn ich in einem Hotel wohne, möchte ich mich als Gast fühlen und nicht als vorübereilende Einheit eines Konferenzcenters. Ich möchte die kleinen, luxuriösen Aufmerksamkeiten genießen, die zu Hause unmöglich sind und die nur von einem zweihundertköpfigen Personal geleistet werden können. Zum Teufel mit der stromlinienförmigen gesichtslosen Modernität: Erlauben Sie mir das Vergnügen, von höflichen, gutausgebildeten, freundlichen Menschen bedient zu werden. Mit anderen Worten: Gestatten Sie mir ein Zimmer im CONNAUGHT.

Das ist leichter gesagt als getan. Das CONNAUGHT, der Stolz des Londoner Herbergswesens, wurde 1897 errichtet, als Hotels großen Häusern ähnelten und nicht kleinen Büroblocks. Infolgedessen ist die Zahl der Zimmer beschränkt, und die meisten sind das ganze Jahr über besetzt von Mitgliedern ausländischer Fürstenhäuser, den ruhigeren Vertretern der amerikanischen Gesellschaft, Angehörigen des britischen Landadels, dem gelegentlichen, distinguierten Schauspieler. Selbst wenn Räume frei sind, ist eine Zimmerreservierung keine Selbstverständlichkeit. Es nützt, wenn man jemand kennt, der im Hotel gewohnt hat; das ist fast so etwas wie eine Referenz; es dient nur dazu, sicherzustellen, daß Sie die Art von Mensch sind, der sich unter den anderen Gästen wohl fühlt, und umgekehrt.

Der Haupteingang am Carlos Place ist klein und schmuck, von Blumen gerahmt und in der Obhut eines hochgewachsenen Herrn, der von der Seide seines Zylinders bis zum Glanz seiner Schuhe blitzt. Er hat meiner Frau freundlich gestattet, ihre Handtasche zu tragen; alles übrige im Taxi, von Zeitschriften bis Koffern, wurde von ihm auf die Seite geschafft, so daß wir unbehelligt ankamen.

Nach zeitgenössischen Maßstäben ist das Foyer klein — nicht größer als das Arbeitszimmer Ihres Großvaters und wahrscheinlich auf die gleiche Weise möbliert: mit Messing und Glas und Mahagonitäfelung und Teppichen in jenen ruhigen Farben, die sanft und elegant altern, bis sie so etwas wie eine welke Blüte erreichen. Nichts stört das Auge; nichts ist zu grell oder zu hell. Alles ist von distinguiertem Glanz — das Messing, das Glas, das Mahagoni und die Zähne des Begrüßungskomitees an der Rezeption.

Wir wurden gefragt, wer wir seien, und von dem Augenblick an schien das gesamte Hotelpersonal uns zu kennen. Wie diese Information so rasch und unauffällig weitergeleitet wurde, ist ein Rätsel, doch vom Zimmermädchen bis zum Barmann sprach uns jeder mit Namen an — eine elementare Höflichkeit, die ich in Hotels bereits verschwunden geglaubt hatte, zusammen mit dem mitternächtlichen Schuhputzen und der Leinenbettwäsche.

Ein junger Mann im schwarzen Frack begleitete uns auf unser Zimmer und versprach, das Wetter in London möglichst nach unseren Wünschen auszurichten. Das Gepäck und der Nachtmittagstee trafen ein. Man überließ uns dem Auspacken, obwohl ich den Eindruck hatte, daß irgend jemand auch das für uns übernommen hätte, falls wir von der Reise im Lift zu erschöpft gewesen wären.

Wir hätten uns auch im Schlafgemach eines englischen Landsitzes befinden können, zu Zeiten, da die Adligen solche Herrenhäuser noch angemessen zu führen vermochten. Auf dem Tisch standen frische Blumen, lag Schreibpapier mit der Faserung frisch gedruckter Banknoten. Abgesehen vom TV-Gerät, das sich in einer Ecke befand, war die einzige Konzession an den technologischen Fortschritt ein winziges Bedienungsbrett mit drei Knöpfen neben dem Bett: einer, um das Zimmermädchen zu rufen, einer für die Etagenkellnerin, einer für den Hausdiener. Diese drei Menschen machten alles möglich. Sollten wir unter nächtlichem Hunger leiden, unter einem zerrissenen Schnürsenkel oder einer zerknitterten Jacke, die plötzliche Notwendigkeit eines zusätzlichen Kissens oder einer Aspirintablette verspüren, ein paar glatte Socken brauchen oder einen gebürsteten Hut, so würde mittels Knopfdruck ein Mitglied dieses Trios innerhalb von zwei Minuten bei uns sein. So ist der Room Service früher generell gewesen, wie ich mir vorstelle — vor der Erfindung des Telefons.

Beinahe so willkommen wie die Nähe hilfsbereiter Menschen war das Fehlen selbstbeglückwünschender Literatur — all der übertreibenden Marktschreiereien, die die meisten Hotels massenhaft in den Zimmern verteilen, um für die eigenen Bars und Restaurants, Telexgeräte und Einrichtungen für Konferenzen Reklame zu machen. Ja, auf dem einzigen Blatt mit Information für Gäste stand ein Satz, der allen mit einem Attachéköfferchen-Komplex und einer tollwütigen Arbeitsethik auf geradezu herrliche Weise das Wasser abgrub. Der Satz lautete: *Geschäftliche Unterredungen in den öffentlichen Räumen werden nicht begrüßt.* Der Arbeit wie dem Sex sollte man sich außerhalb des Gesichtskreises der übrigen Gäste widmen. Der Verfasser dieses Satzes war ein Mensch nach meinem Herzen. In der Kleidungsfrage war er besonders klar und deutlich: *Keine Jeans.* Ich fühlte mich ihm noch näher.

In Wahrheit bin ich in Kleidungsfragen vermutlich ein Snob. Jeans, Laufschuhe, Skijacken, Tennishemden, Yachtpullover, Safariausstattung und australische Buschhüte sind am richtigen Ort und zur richtigen Zeit hervorragende Kleidungsstücke, doch in einem eleganten Hotel wirken sie schlampig, unangebracht und einigermaßen albern. Manche Leute mögen es für chic halten, wie ein Flüchtling aus einem Holzfällerlager auszusehen — ich nicht. Ich möchte wenigstens so gut angezogen sein wie der Hotelpage und war daher recht glücklich, mir zum erstenmal seit Monaten eine Krawatte zu binden, bevor ich mich nach unten in die Bar begab.

Seriöse Bars sind heutzutage eine Rarität. Man hat es Innenarchitekten, Gärtnern und Musikern erlaubt, sich auszutoben und den Hauptzweck einer Bar in Frage zu stellen — der darin besteht, solide, gut zubereitete Drinks in passender Umgebung anzubieten. Sie sollten einfach sein, und genau das sind sie selten. Die Beleuchtung ist entweder so gedämpft, daß man sein Glas nicht ohne Taschenlampe zu finden vermag, oder der Klavierspieler hat Bleifinger und eine geradezu mörderische Neigung, jegliche Unterhaltung abzuwürgen, oder der Dschungel aus Farnkräutern und Topfpalmen macht uns für den Ober unsichtbar, oder die Drinks haben so absurde Namen, daß ein ehrlicher Alkohol schamrot werden müßte. Es ist sehr schwierig geworden, eine Bar zu finden, die sich nicht bemüht, auf die eine oder andere Art ein gesellschaftliches Ereignis zu sein oder als Bühnenbild zu wirken.

Die ursprüngliche HARRY'S BAR in Venedig ist eine der wenigen verbliebenen Zufluchtsstätten für den Menschen, der ohne unnötige Ablenkung einen anständigen Drink haben möchte; eine andere ist das CONNAUGHT HOTEL. Die CONNAUGHT BAR besteht in Wirklichkeit aus zwei ineinander übergehenden Räumen, die mit kleinen Mahagonitischen, Clubledersesseln und Sofas möbliert ist. An der Bar steht niemand, außer dem Barmann, und statt auf eine Reihe von Rücken zu starren, kann man diesen Künstler bei seiner Tätigkeit bewundern, wie er mit Flaschen und Gläsern und Cocktailmixern umgeht und seine Arbeit mit der entspannten Präzision ausführt, die eine zwanzigjährige Erfahrung mit sich bringt.

Er ist einer von mehreren Menschen im CONNAUGHT HOTEL, die ich am liebsten entführen und nach Hause mitnehmen würde; es wäre jedoch ein Fehler, ihn von seinem Alter ego, dem Barkellner, zu trennen. Er ist ohne jeden Zweifel der beste Kellner, der mir je begegnet ist. Er besitzt die Geschicklichkeit eines Jongleurs mit beladenen Tabletts und randvollen Gläsern, das allein ist beeindruckend genug; was ihn jedoch allen anderen überlegen macht, ist das zweite Paar Augen im Hinterkopf. Ich verdächtige ihn außerdem der Telepathie.

Er befindet sich zwischen den beiden Räumen unablässig auf Patrouille, stets auf dem Sprung, Durst zu tilgen, wo immer er auftritt; er reagiert auf beinahe unsichtbare Signale. Zur Bestellung einer neuen Runde von Drinks genügt ein erhobener Finger oder schon das Zucken einer Augenbraue. Es ist auch nicht nötig, die ursprüngliche Bestellung zu wiederholen. Er weiß, was man trinkt, und scheint auch zu wissen, wie lang man braucht, um es zu trinken, und richtet seine Patrouille so ein, daß er sich in Signal-reichweite befindet, wenn der letzte Tropfen die Keh-le hinabgleitet.

Die Drinks sind so, wie Drinks sein sollten — ein gu-tes Maß in vernünftigen Gläsern; kein Modezeug. Sie werden mit Kartoffelchips nach Maß gereicht, die an genau diesem Tag in der Hotelküche herge-stellt worden sind. Die Gespräche rundum sind leise und zufrieden. Musik gibt es nicht. Es gibt keine ge-schäftlichen Unterredungen. Hier herrscht Ruhe. Es ist eine Lust zu leben. An diesem Abend gibt es nur ein Problem, nämlich zu entscheiden, was man zu Abend ißt.

Ein Mann, der so aussieht, als sei er vom Diplomati-schen Corps ausgeborgt, näherte sich aus Richtung des Restaurants. Er überreichte uns die Speisekarte und die ledergebundene Weinkarte von der Länge einer Kurzgeschichte, bevor er davonglitt, damit wir in Ruhe unter klassischen französischen und engli-schen Gerichten wählen könnten. Er kehrte genau in dem Moment zurück, als ich in der Weinkarte je-nes faszinierende Kapitel las, in dem die alten Bor-deauxweine die 800-Mark-Grenze durchbrechen. Ich blätterte wieder zum ersten Kapitel zurück und gab meine Bestellung auf.

Im CONNAUGHT HOTEL gibt es zwei Speiseräume. Die beiden bilden den Gegenstand einer Debatte, die nicht völlig frei ist von Elitedenken. Es geht dabei um die Frage, welches der beiden das Zentrum des Uni-versums bildet. Das Hotel selbst hält sich solcher Dis-kussion vernünftigerweise fern, aber es gibt Men-schen, die Ihnen erklären, daß man im Grill Room, vor allem mittags, Industriekapitäne und die ehrbareren Politiker beobachten kann. In dem größeren Restaurant sind ihre Begleiter durchschnittliche Herzoginnen und Millionäre, die nicht mit Staatsdingen oder Sorgen um das industrielle Wohlergehen der Nation belastet sind. Natürlich haben wir uns diesen leichtfertigeren Kunden des Hotels zugesellt.

Unser Aufbruch aus der Bar verlief ohne jeden Hinweis, daß ich für die Drinks einen Zettel unterzeichnen und zahlen müßte; wenigstens nicht *hic et nunc*. Hotelgäste im CONNAUGHT müssen sich nicht mit Detailrechnungen für Speisen und Getränke abgeben. Wenn Sie fertig sind, erheben Sie sich und verlassen den Raum. Niemand wird Ihnen hinterherlaufen und mit der Rechnung wedeln. Sie werden sie dann sehen, sobald Sie vor Ihrer Abreise Ihre Gesamtrechnung begleichen. Bis dahin mögen andere Menschen Rechnungen erhalten; aber Sie nicht.

An solch ein angenehmes System gewöhnt man sich rasch, und wir haben von einem Stammgast des CONNAUGHT gehört, der eines Abends beschloß, ein paar Schritte weiter bei SCOTT'S zu dinieren. Er beendete dort seine Mahlzeit, verabschiedete sich vom Oberkellner und verließ das Restaurant, um vor dem Schlafengehen den Weg von der Mount Street zum Hotel zu Fuß zu gehen. Ihm folgte in diskretem Abstand ein Mann mit der Rechnung. Sie wurde dem Hotel präsentiert und arrangiert, ohne daß der Gast damit belästigt worden wäre.

Es mag in London schickere Lokale geben als das im CONNAUGHT. Was schwerfiele, wäre, sich ein bequemeres vorzustellen. Die Tische stehen weit voneinander entfernt, sind wunderschön gedeckt und mit Blumen geschmückt. Der holzgetäfelte große Raum ist sanft beleuchtet — alles ist ganz so, wie Sie es in einem beeindruckend teuren Restaurant erwarten. Womit wir nicht gerechnet hatten, waren die Riesenportionen von Liebenswürdigkeit. Vom *maître d'hôtel* bis zum Jungen, der den Wagen mit dem Roastbeef zur Begutachtung an den Tisch rollt, benahmen sich alle so, als wären wir beide das Ehepaar, auf das sie ihr Leben lang gewartet hatten. Sie waren mehr als professionell. Sie waren freundlich. Heute sind viele Luxushotels viel zu sehr mit ihrer eigenen Großartigkeit beschäftigt, um auch noch freundlich zu sein.

Und das Essen selbst? Es wäre nicht nett, Ihnen zu verraten, *wie* gut es war. Es gibt eine Gruppe von *chefs* — Anton Mosimann, Nico Ladenis und die Brüder Roux —, die in England allmählich so berühmt werden wie Bocuse und Troigros es in Frankreich sind. Der *chef* im CONNAUGHT ist keine so öffentliche Persönlichkeit, aber er kocht wie ein Heiliger. Die ersten beiden Gänge waren ohne Fehl.

Es folgte eine kleine Pause für das Zeremoniell des zweiten Tischtuchs. Meine Frau und ich bilden uns gern ein, nicht zu den unordentlichen Essern dieser Welt zu gehören, und als wir uns zurücklehnten, war auf dem Tischtuch nicht mehr als ein paar Brotkrümel zu sehen. Sie wurden entfernt. Dann wurde ein frisches Tuch von jungfräulicher Reinheit über dem Tisch entfaltet, Teller und Gläser gehoben und mit maßloser Eleganz wieder vor uns hingestellt, damit das Ende der Mahlzeit auf einer fleckenlosen und glatten Oberfläche serviert werden konnte. Es war ein Detail, das nicht nötig, aber angenehm und für die Feinheiten typisch war, die das CONNAUGHT von üblichen Hotels unterscheidet.

Wir nahmen Käse, Dessert und Kaffee. Irgendwo hatte jemand die Rechnung parat, für den Fall, daß wir sie verlangten, doch wir übten das Privileg des Hotelgastes aus und ließen sie bis zur Schlußabrechnung liegen.

Oben auf unserem Zimmer waren zu beiden Seiten unseres Betts Leinenmatten ausgelegt. Sie waren mit zwei Nachrichten bestickt. Die erste, die lesbar wurde, wenn man sich zu Bett legte, lautete: »Gute Nacht«; die zweite, aus der anderen Richtung entzifferbar, lautete: »Guten Morgen«. Ich ließ meine Schuhe vor der Zimmertür stehen, und wir schliefen den Schlaf der Reichen.

Am nächsten Morgen wirkten meine Schuhe, als seien sie über Nacht restauriert worden. Sie strahlten beträchtlich heller als die wäßrige Londoner Sonne. Da gibt es noch einen Mann, den ich entführen würde, wenn sich eine Gelegenheit böte. Das Schuhputzen ist in London eine aussterbende Kunst, wie man schon beim flüchtigen Blick auf die Schuhe der Londoner erkennt, doch in dem Teil Frankreichs, wo ich lebe, existiert sie überhaupt nicht mehr. Wenn ich den Schuhputzer im CONNAUGHT fortlocken könnte, würde ich ihn behandeln wie einen Prinzen.

Das Frühstücksmenü studierten wir eher aus dem Interesse des Forschers heraus denn aus Hunger. Es war viktorianisch in der Fülle, mit jener Art von Speisen, mit der Engländer sich einst vor einem anstrengenden Morgen auf der Fuchsjagd oder vom Aufbau des Empire stärkten. Es gab Porridge, es gab *kippers*, es gab verschiedene Sorten Wurst, es gab Marmelade aus grobgeschnittenen Orangen und eine riesige Brotauswahl. Wir nahmen Kaffee und Hörnchen und kamen uns tugendhaft vor.

Wir trödelten so lange, wie es sich mit Anstand vertreten ließ, mit unserem Frühstück herum und zögerten unsere Rückkehr in die Außenwelt hinaus. Meine Frau überlegte, wie es wohl wäre, hier dauernd zu wohnen, und meinte, ein Fall von sozialer Härte sei es kaum. Ich überlegte, was lebenslanges Wohnen hier wohl kosten könnte. Ein Hinweis erwartete mich an der Rezeption, eingeschoben in eine Ledermappe: Die erste und letzte Rechnung, die ich während unseres Aufenthalts hier zu Gesicht bekommen würde.

Es muß gesagt werden, daß ein Leben im CONNAUGHT nichts für Menschen ist mit bescheidenem Budget oder überhaupt mit einem Budget. Wie der weise, alte Millionär einst bemerkte: Wenn Sie sich nach dem Preis erkundigen müssen, können Sie es sich nicht leisten. Wir hatten uns während des Besuchs auf das Frühstück und eine Mahlzeit täglich beschränkt. Wir hatten Magnumflaschen Champagner und die Rotweine gemieden, die pro Flasche über achthundert Mark kosteten, und wir hatten nicht um Mitternacht mit einem Kaviarimbiß, nicht mit Grand-Marnier-Soufflés, mit dem schottischen Moorhuhn, dessen Saison eben begonnen hatte, oder einem Schlummertrunk mit dem besonders guten Portwein des Jahres 1948 über die Stränge geschlagen. Wir hatten uns der Zurückhaltung und des Maßhaltens befleißigt.

Aber selbst unter diesen Umständen belief sich die Endrechnung nach drei Tagen, ohne Trinkgelder, um dreieinhalbtausend Mark, und es mag für so manchen Menschen einen geistigen Anpassungsprozeß erfordern, über tausend Mark pro Tag im Preis-Leistungs-Verhältnis als hervorragend zu betrachten. Was mich persönlich angeht, so ist es genau das.

Abgesehen von der ausgezeichneten Küche und dem Komfort des Hotels, ist die große Attraktion des CONNAUGHT und der Wert, der es von anderen teuren Hotels unterscheidet, die Atmosphäre, die von den dort arbeitenden Menschen geschaffen wird. Sie waren ausnahmslos liebenswürdig und höchst professionell. Solche Menschen zu finden, auszubilden und zu halten, das kostet viel mehr als alle oberflächlich so beeindruckenden Angebote von Luxus. Kein Marmorfoyer der Welt kann es mit freundlichen Menschen aufnehmen, die sich gern gefällig erweisen möchten. Das ist's, wofür man zahlt, und es ist jeden Penny wert. Früher hieß so etwas Service oder Bedienung. Heute ist es so selten geworden, daß man es als altmodisch bezeichnet. Möge Gott es bewahren!

19

Malzwhisky

Es ist höchst seltsam. Wir leben in einem Zeitalter, da des Menschen Interesse am eigenen Körper an Besessenheit grenzt. Jeder bewegliche Teil des Organismus wird täglich einer Überprüfung unterzogen, die inneren Funktionen mindestens einmal jährlich von Männern in weißen Kitteln gecheckt. Die Jugend wird verlängert, eine faltige Haut vermieden; Bäuche werden eingezogen, Vitamine geschluckt. Doch inmitten dieser fieberhaften Körperüberwachung gibt es ein kleines, doch wichtiges Organ der menschlichen Anatomie, das unter steter, absichtlicher Vernachlässigung leidet. Der Gaumen ist ein Bürger zweiten Grades geworden. Die Geschmacksnerven sind eine gefährdete Spezies, die durch Langeweile von Ausrottung bedroht sind.

Geschehen ist — im Interesse einer gleichbleibenden Ernährung, wie ich annehme — folgendes: Der charakteristische Geschmack und das lokale Aroma hat seitens der Produzenten von Massenware schreckliche Prügel einstecken müssen. Ein Hamburger schmeckt an der Third Avenue genauso wie ein Hamburger an der Champs-Élysées. Das Huhn, einst ein Vogel, ist in einen Konsumartikel verwandelt worden wie Schweinefleisch, Rindfleisch und Lamm. Und was Gemüse angeht — wann haben Sie eigentlich zuletzt eine Tomate, eine Kartoffel oder einen Salat gegessen, die sie nicht mit einer Sauce oder einem Dressing ersticken mußten, damit sie überhaupt nach etwas schmeckten?

Brot wie Plastik, Äpfel wie feuchte Socken, Käse von der delikaten Komplexität einer billigen Seife, Zwiebel ohne Biß, Spinat, der eine Barbie-Puppe zum Würgen brächte: alles sieht echt aus, weil alles — vom Lammkotelett bis zur Fadenbohne — auf perfektes Aussehen hin gezüchtet wird. Die Ähnlichkeit mit echter Nahrung hört jedoch in dem Moment auf, da Sie zu kauen beginnen. Es genügt, um einen Menschen dem Alkohol in die Arme zu treiben.

Leider ist selbst der Alkohol den infamen Pfuschern nicht entkommen, die Uniformität und Fadheit produzieren. Biere sind light geworden, Spirituosen heller, trockener Wein wird mit Sodawasser vermengt getrunken. Der Verkauf von geschmackfreiem Wodka floriert. Man verwendet Eis in solch rücksichtslosen Mengen, daß sie Drinks eher ersäufen als kühlen, und der ernsthafte Trinker riskiert heutzutage eher Frostbeulen an der Zunge als eine Leberzirrhose.

Aber noch ist nicht alles verloren. In Schottland sind heroische Menschen an der Arbeit, die kein Interesse daran haben, Erfrischung für Millionen herzustellen, sondern einen himmlischen Genuß für Auserwählte. Langsam, sorgfältig und in kleinen Mengen destillieren sie ihren Malzwhisky.

Der normale Scotch Whisky, wie Sie ihn in einer Bar serviert bekommen, falls Sie keine besondere Marke angeben, ist eine Mischung aus bis zu dreißig Whiskysorten — Malzwhiskys und weniger unterschiedlichen Kornwhiskys. Sie werden aus zwei Gründen verschnitten. Der eine Grund besteht darin, einen weichen und weithin akzeptablen Geschmack zu erzielen, der weniger Eigencharakter hat als die reinen Whiskys. Der zweite Vorteil des »blending« ist die garantierte Gleichheit. Ein guter »blended Scotch« wie Bell's, oder White Horse oder Dewar's, wird Sie nie unangenehm überraschen. Dafür sorgt ein Meister, der eine ausreichende Menge an Malz- und Kornwhiskys vorrätig hält, um das geschmackliche Gleichgewicht zu wahren, das der Marke ihren Charakter verleiht.

Die nächste Rangstufe in der Hierarchie der schottischen Whiskys ist ebenfalls ein Verschnitt, in dem jedoch lediglich Malzwhiskys verwendet werden. Solche Verschnitte — die sogenannten »vatted blends«, spiegeln die Eigenarten, die etwa in einem halben Dutzend einfacher Malzwhiskys gefunden werden. Er ist oft zehn oder zwölf Jahre alt (die auf dem Etikett angegebene Jahreszahl geht auf den jüngsten Whisky im Verschnitt zurück) und darf mit Fug und Recht als »pure malt« bezeichnet werden. Er ist teurer und im Geschmack schärfer als der normale »blended Scotch« und bietet dem Anfänger Gelegenheit, ganz allgemein Geschmack an Malzwhisky zu entwickeln, bevor er sich auf das Terrain der Kenner begibt: zum einfachen, unverschnittenen *dram*. Hier kann den Geschmacksnerven ein gründliches Training zuteil werden, weil es nämlich in Schottland über hundert Destillerien gibt, die *single malts* herstellen, von denen geschmacklich keiner exakt dem anderen gleicht. Unter wunderbarer Mißachtung des Massenkonsum-Marketings geben sich die Männer des *single malt* damit zufrieden, ihren eigenen, höchst individuellen Whisky zu brennen — rauchig, torfig und jeder so verschieden vom anderen wie Weine aus unterschiedlichen Weingütern. Einige *single malts* reifen in alten Sherryfässern, manche in alten Bourbonfässern, andere in länglichen alten Portweinfässern; sie alle fügen dem Geschmack ein eigenes Element hinzu. Es gibt keine strenge universelle Formel, kein generelles Rezept, keinen »besten« Malzwhisky. Hier ist alles eine Frage persönlichen Geschmacks — der des Destillers und Ihres eigenen.

Aber wo sollen Sie beginnen, inmitten der Lagavulins und Lochnagares, Glen Mhors, Balvennies und Old Fettercairns? Sie haben die Wahl zwischen über hundert verwirrenden, aber hervorragenden Sorten, und Sie können zu Forschungszwecken ja nicht unbegrenzte Mengen konsumieren. Als langjähriger Adept rate ich Ihnen, drei verschiedene *single malts* zu probieren, die ich trotz des freundlichen Zuspruchs unserer Gäste bei mir zu Hause stets vorrätig zu halten versuche. Die drei Sorten, die nicht schwer zu finden sind, werden Ihnen eine Ahnung von dem geschmacklichen Spektrum vermitteln, das bei dem, was technisch betrachtet das gleiche Getränk darstellt, zu entdecken ist.

Der erste ist Glenfiddich: leicht, mit nur einem Hauch von Torf und mindestens acht Jahre alt. Er wird gemeinhin als exzellenter Malzwhisky für Anfänger betrachtet und ist der meistverkaufte *single malt* der Welt. Ein Nippen wird Ihnen verdeutlichen, warum eine Flasche *single malt* etwa fünfzig Mark kostet.

In Schottland wird er nach Verkaufsmenge aber übertroffen vom Glenmorangie. (Das wird dort oben mit der Betonung auf dem o ausgesprochen.) Er reift zehn Jahre lang in alten Bourbonfässern, bevor er in Flaschen abgefüllt wird. Er hat das, was die Hersteller *medium body* nennen. »Morangie« heißt angeblich soviel wie »großer innerer Friede«, was mit dem Endresultat eines langen Abends enthusiastischen Genusses zu tun haben mag oder auch nicht.

Mein dritter *single malt* ist der Laphroaig, ausgesprochen *Lafroyg*. Er stammt von der schottischen Insel Islay — meiner Lieblingsinsel für den Fall, daß ich einmal Schiffbruch erleiden sollte, da es dort die dichteste Konzentration an Whiskyherstellern auf Erden geben muß: acht im Umkreis von fünfundzwanzig Meilen. Laphroaig ist ein kräftiger Whisky, der entweder nach zehn- oder nach fünfzehnjährigem Reifen abgefüllt wird, mit einer Menge Torf im Geschmack und einer anderen Eigenart, die, je nach dem literarischen Flair des Trinkenden, entweder seine Herkunft aus der Nachbarschaft zum Meer verrät oder, um es derber auszudrücken, einen Hauch von Meeresalgen an sich hat. Lassen Sie sich dadurch nicht abhalten. Die Hersteller bezeichnen ihren Laphroaig als den geschmacksstärksten schottischen Whisky. Es ist keine Übertreibung.

Und damit hätten Sie drei Whiskys für den Anfang, und Sie können sich in dem angenehmen Gefühl sonnen, daß Sie weitere hundert probieren könnten. Um aber alle Feinheiten der Färbung und des Geschmacks zu genießen, die Süße des Malzes und die Trockenheit des Torfs, müssen Sie Ihre bisherigen Trinkgewohnheiten von Scotch aufgeben.

Eis ist verboten. In Schottland wird die Betäubung des *single malt* durch Klumpen gefrorenen Leitungswassers als schlimmeres Verbrechen betrachtet als das Schlagen der Ehefrau. Whisky sollte wie Cognac getrunken werden, mit Zimmertemperatur. Wasser ist gestattet — einige Schotten trinken ihren *single malt* sogar halb-und-halb, »mit viel Wasser«, aber es muß reines Quellwasser sein, das nicht mit Chlor, Fluor oder irgendeiner anderen chemischen Segnung versetzt sein darf, auf deren Konsum gesundheitsbewußte Behörden bestehen.

Beim Trinken von *single malts* gibt es keine komplizierten Dinge zu beachten. Im Gegensatz zu Wein müssen die Flaschen nicht vorher geöffnet werden, damit der Whisky atmen kann. Er muß auch nicht aus Karaffen serviert werden. Sie brauchen keine Gläser, die wie junge Ballons, wie Luftröhrchen oder Scheiben von Früchten, wie Oliven, Salzstreuer oder rituelle Brimborien gleich welcher Art geformt sein sollen. Natürlich gibt es, wie bei Gläsern immer, gewisse *mögliche* Verfeinerungen betreffend Größe und Form — so bringt beispielsweise ein kleines Kristalltrinkglas die Farbtönung eines Whiskys besonders gut zur Geltung —, oder bei Malzwhiskys besondere Gepflogenheiten (leichtere vor dem Essen, etwas Volleres danach), aber Prätentionen gibt es bei Malzwhiskys nicht. Es handelt sich um ein sauberes, ehrliches Getränk, das keine Verzierungen braucht. Und es soll Ihnen sogar guttun. Das ist natürlich nicht offiziell. Falls Sie jedoch einen schottischen Arzt fragen sollten, was er Ihnen zur guten Verdauung, für einen guten nächtlichen Schlaf und langes, gesundes Leben verschreiben würde, so könnte er durchaus einen täglichen Schluck Malzwhisky verschreiben. Aufgeklärte Engländer vertreten die gleiche Ansicht, darüber ist sogar im englischen Oberhaus gelehrt debattiert worden.

Lord Boothby führte als Argument für seinen Antrag auf Senkung der Steuern für Scotch folgendes an: »In der modernen Welt ist schottischer Whisky das einzige, was dem Menschen garantiert dauerhaftes Behagen verschafft.« Er wurde darin von einem politischen Gegner unterstützt, von Lord Shinwell, der einmal sogar versucht hatte, Scotch als Volksmedizin gemeinhin zugänglich zu machen. Shinwell schlug vor, daß Mitglieder des Oberhauses den Genuß von Whisky als Spesen absetzen können dürften, »da der Genuß dieser Flüssigkeit unter den Ehrenwerten Lords allgemein verbreitet ist und viele ohne ihn nicht auskommen können, weil er dem Wesen nach Medizin ist«.

Damals war Lord Shinwell neunundneunzig Jahre alt.

20

Die Gewohnheit des Schreibens

Nächst dem vielgeplagten Politiker ist der lautstärkste und einfallsreichste Nörgler auf Erden der Schriftsteller. Wohin er blickt, sieht er Härte und Unfairneß. Sein Agent liebt ihn nicht (genug). Sein Verleger ist ein Geizkragen. Der Literaturkritiker ist ein Philister. Das Publikum versteht ihn nicht. Seine Frau versteht ihn nicht. Der Barkeeper versteht ihn nicht.

Das sind nur einige der häufigsten Klagen freischaffender Autoren. Ich habe jedoch bisher noch keinen gehört, der die elementarsten Gründe zum Meckern vorgebracht hat — den schrecklichen Preis, den er ein ganzes Leben lang für das Erschaffen von Sätzen zu zahlen hat.

Es mag viele überraschen, die davon ausgegangen sind, daß die Berufsausrüstung eines Schriftstellers sich auf Papier und Bleistift sowie eine Flasche Whisky beschränkt; dazu eventuell noch einen sportlichen Tweedmantel für Interviews. Aber ein Autor benötigt viel mehr.

Das Problem, aus dem sich alle übrigen Probleme ergeben, besteht darin, daß das Schreiben die Zeit beansprucht, die zum Verdienen des Lebensunterhalts genutzt werden könnte. Der einfachste Arbeiter der Wallstreet verdient in einem Monat mehr als neunzig Prozent der Autoren im ganzen Jahr. Ein Straßenbettler, der einen Schriftsteller auf sich zuhumpeln sieht, wird tief in die Taschen greifen, um zu sehen, ob er für ihn nicht einen Groschen erübrigen kann. Der Manager in der Kreditabteilung einer Bank wird sich unter seinem Schreibtisch verstecken, um nicht schon wieder die Bitte der wild dreinschauenden, verzweifelten Gestalt ablehnen zu müssen, die bis zur Vollendung des großen Romans eine finanzielle Überbrückung beantragt. Der Bankier weiß, daß der Literat nicht besonders kreditwürdig ist, sondern ein Risiko darstellt. »Schriftsteller« und »Geld« — das sind Begriffe, die nicht zusammenpassen.

Von Zeit zu Zeit passiert natürlich ein Fehler. Geld, das ursprünglich für eine lohnende, erwachsenen Menschen würdige Mission gedacht war, landet auf irgendeinem Irrweg doch in den Taschen des Autors. Dort bleibt es nicht lang; und zwar keineswegs wegen einer idiotischen Extravaganz, sondern, wie Ihnen der Autor erklären wird, auf Grund der beruflichen Erfordernisse.

Dazu zählt vor allem das Bedürfnis nach Ruhe und Frieden, die in unserer Zeit nicht leicht zu finden sind. Das Großstadtleben ruiniert seine Konzentrationskraft. Die alte, traditionelle Zuflucht des Stadtschreibers, die Mansarde, ist unerschwinglich geworden; unentwegt pocht der Vermieter wegen der monatlichen Miete von dreitausend Mark an der Tür. In den kurzen Pausen zwischen seinen Besuchen machen auf den nackten Holzwänden die Küchenschaben einen entsetzlichen Lärm, das Tropfen des Wasserhahns bohrt sich ihm ins Gehirn, und der Sturm, der mit Windstärke acht durch das Packpapier heult, das vor die kaputten Fenster gespannt ist, bringt die Zähne zum Klappern. Es gibt nur eine Lösung aus dem Dilemma: aufs Land zu ziehen. Man beachte doch, wozu das bei Thoreau geführt hat.

Es darf aber nicht irgendein alter Teerblechschuppen fernab jeglicher menschlichen Zivilisation sein. Das wäre des Friedens und der Ruhe zuviel. Das wäre am Ende so friedlich, daß es unseren guten Autor völlig meschugge in den Wald triebe, um mit einem Baum Zwiesprache zu halten, nachdem er den ganzen Tag lang für sich allein verbracht hat. Ruhe und Friede sind angenehm, solange man nach getaner Arbeit weiß, wohin man gehen kann, um ein teilnahmsvolles Ohr zu finden, dem man seine Klagen ausschütten kann. Und gäbe es denn ein besseres, mitfühlenderes Ohr als das eines anderen Autors? Er weiß aus eigener Erfahrung, wie schwer alles ist. Er versteht.

So kommt es zu Schriftstellerkolonien. Kaum sind sie entstanden, ziehen sie Literaturagenten, Lektoren, Verleger und Besitzer von »tollen« Restaurants an — im übrigen auch aufstrebende, junge Immobilienmakler. Ruhe und Frieden sowie das einfache Landleben gehen langsam unter. Die örtliche Bar kultiviert Farnkräuter und beginnt komplizierte Drinks anzubieten. Der ganze Ort geht kaputt. Man wird sich also nach einem neuen Domizil umsehen müssen.

Allerdings darf man sich durch solche häuslichen Revolutionen nicht in seiner kreativen Tätigkeit beeinflussen lassen. Störungen gibt es, weiß Gott, ohnehin mehr als genug.

Da ist zum Beispiel der Arbeitskomplex des Recherchierens. Ein Außenstehender denkt dabei vermutlich nur an ein paar Stunden in der Bibliothek und ein halbes Dutzend Telefonate; vielleicht war damit früher wirklich alles getan. Doch heute wird von Autoren erwartet — mehr als das, *verlangt* —, daß sie ein Werk produzieren, das in allen Details authentisch ist. Die Einbildungskraft und ein paar Tupfer Lokalkolorit reichen nicht mehr aus; der Leser muß sehen können, daß der Schriftsteller vor Ort gewesen ist und auch tatsächlich recherchiert hat. Auf die unmittelbare, ganz persönliche Erfahrung kommt es an; und versuchen Sie bloß nicht, dem scharfsinnigen, jungen Lektor mit weniger zu kommen. Sie verfassen einen Roman über Liebe und Tod an der Grenze Boliviens? Phantastisch! Dann fliegen Sie mal gleich los! In sechs Monaten sehen wir uns wieder, und vergessen Sie nicht die Choleraimpfungen und die Krankenversicherung!

Im Prozeß des Recherchierens kann der Autor oft in den reizlosesten und gefährlichsten Ecken der Welt beobachtet werden. (Aus irgendeinem Grund, der vermutlich mit Kosten zu tun hat, wird nur selten im HOTEL RITZ oder in Palm Springs recherchiert.) In Beirut, in Nicaragua, in den schwülen Spelunken Hongkongs und der brütenden Hitze des australischen Buschs wird man ihn entdecken, wie er die Atmosphäre in sich aufsaugt und sich über seinen Notizblock beugt. Doch wenn Sie ihm über die Schulter schauen, um ein Juwel an sprachlicher Formulierung oder die treffliche Beobachtung zu entdecken, könnten Sie enttäuscht werden. Der arme Teufel plagt sich wahrscheinlich mit seinem Budget ab, um auszurechnen, ob bei seinem Vorschuß neben einem Bohnengericht aus noch ein Bier drin ist.

Nach ein paar Monaten solchen Lebens und einer kurzen, aber kostspieligen medizinischen General-untersuchung auf exotische Krankheiten ist er technisch in der Lage, die Arbeit aufzunehmen. Ein Berg leeren Papiers harrt seiner. Die Bleistifte sind gespitzt. In seinem Kopf wirbelt eine Saga von epischen Dimensionen, das Zeug, aus dem Pulitzerpreisträger gemacht werden.

Bekommt er es jedoch aus seinem Kopf aufs Papier? Er schreitet im Zimmer auf und ab. Er schaut aus dem Fenster. (Schriftsteller verbringen viel Zeit mit dem Beobachten des Wetters.) Er registriert den Weg einer Fliege an der Wand. Schließlich wird ihm klar, daß er unter einer massiven Schreibhemmung leidet (oder, um mit Arnold Glasgow zu reden, einer schriftstellerischen Verkrampfung: »Eine Heimsuchung, die einige Romanciers zwischen beiden Ohren befällt.«). Die Wörter wollen noch nicht heraus. Soweit sind sie noch nicht. Ein Katalysator ist vonnöten. Und was immer der Katalysator sein mag, soviel steht fest: In seinem Arbeitszimmer wird der Autor ihn garantiert nicht finden.

Es gibt viele und ganz unterschiedliche Heilmittel gegen Schreibhemmung. Sie führen gewöhnlich zu Verschuldung oder in sonstige Schwierigkeiten. Frauen und Alkohol sind altbekannte Favoriten. Der naheliegendsten Lösungsmöglichkeit für das Problem aber widerstehen die meisten Schriftsteller, was angesichts ihrer schöpferischen, findigen Natur eigentlich nicht überrascht. An einheimische Frauen und lokal verfügbaren Alkohol halten sie sich nicht. Sie brauchen dazu Tapetenwechsel, am besten ein paar Tage aufgekratzten Herumgrölens in New York oder Paris, wo sie die Kerze an beiden Enden abbrennen, bis ihnen die Kreditkarten gesperrt werden. Hemingway beschreibt das als jene »Verantwortungslosigkeit, die der schrecklichen Verantwortung des Schreibens folgt«. Nur daß in diesem Fall das Schreiben gar nicht stattgefunden hat. Aber es wird noch, es wird noch.

Um es voranzutreiben, nachdem das Recherchieren bereits erledigt und die Schreibhemmung (hoffentlich) überwunden ist, wird es Zeit, die moderne Technologie einzubeziehen, damit der Sturzbach der Worte so rasch fließen kann wie die Gedanken. Die primitiven Bleistifte müssen verschwinden. Sie müssen ersetzt werden durch das letzte Modell eines Desktop-Computers, der mit dem Softwarepaket speziell für Autoren ausgerüstet ist. Dafür lohnt es sogar, den Kreditmanager der Bank aus dem Hinterhalt zu überfallen: Mit solch einer Investition — für nur ein paar elende tausend Mark — ließen sich in Richtung Produktivität große Fortschritte erzielen.

Endlich! Die Wörter beginnen zu fließen — es wurde auch wirklich Zeit; das Gespenst des Ablieferungstermins ist nämlich schon ein steter Begleiter geworden, und die vielen Anrufe des Lektors, die anfangs so nett waren, haben längst den Befehlston eines Generals angenommen. Da schwingt die kaum verhüllte Drohung mit, daß der Vorschuß (er ist längst aufgebraucht) zurückgezahlt werden muß, wenn das Manuskript nicht fristgerecht abgeliefert wird.

Das setzt eine Kette von Ereignissen und Empfindungen in Gang, wie sie allen Autoren vertraut ist. Es beginnt mit einem Gefühl der Panik, wenn einem klar wird, daß sowohl die Zeit wie das Reservoir an Entschuldigungen nahezu erschöpft sind. Der Panik folgt Euphorie, wenn die Seiten sich stapeln und immer vielversprechender wirken — das wird mindestens ein Bestseller, vielleicht sogar ein Film. Der Euphorie schließt sich, nach Ablieferung des Manuskripts, ein Gefühl der Erleichterung an. Der Erleichterung folgt die Antiklimax, wenn kaum etwas geschieht — sechs Monate wird das so bleiben. Und nach der Antiklimax stellen sich wechselnde Phasen von Zweifel und Trost ein.

Der Zeitraum zwischen dem Beendigen eines Manuskripts und dem fertigen Buch ist düster. Keiner ruft mehr an. Für Fahnen und Umbrüche ist es noch zu früh. Für Kritiken ist es ebenfalls zu früh. Für Änderungen im Manuskript ist es zu spät. Das Werk ist entschwunden. Allzuleicht kommt es nach der Geburt zu einer Depression — außer, die Maschinerie des Autors wird reaktiviert, um ihm durch die ersten Monate des Abwartens zu helfen.

Das mag geschehen durch ein erneutes Greifen nach den Fleischtöpfen (diesmal ohne Notizblock), ein neues Hobby, eine alte Liebe, zweite Flitterwochen. Es erfordert aber auf jeden Fall einen weiteren Besuch bei den Geldverleihern; denn es gibt keinen billigen Trost, der sich lohnen würde. Immerhin besteht jetzt *Hoffnung*, daß man über kurz oder lang ein reicher literarischer Löwe ist.

Ganz gelegentlich — gerade oft genug, um Optimismus zu wecken — trifft genau das auch ein, und wir sehen den Bestsellerautor, wie er mit einer Havanna spielt, während er auf den Sicherheitsdienst wartet, der ihm die Honorare überbringt. Aber die Chancen sind gering. Solches Glück ist nur wenigen Schriftstellern beschieden. Den meisten bleibt nichts anderes übrig, als es ein weiteres Mal zu versuchen. Oder eine Anstellung zu suchen, die Rechnungen zu bezahlen, ein reguläres, ordentliches Leben zu führen und sich wie ein ehrbares Mitglied der Gesellschaft aufzuführen.

Ich weiß nicht, wie andere Autoren sich fühlen. Ich würde jedenfalls lieber ungesichert in meinem eigenen Büro leben als im Büro anderer Menschen. In Konferenzen erlahmt meine Konzentration. Das Tragen von Krawatten verursacht bei mir Hautentzündung, die Konzernroutine löst Platzangst aus, und ich habe einen Widerwillen gegen Attachékoffer und alles, wofür sie stehen. Der Reiz des einsamen Bemühens, was immer der Preis ist, bleibt unwiderstehlich. Ist es eine Gewohnheit oder eine Krankheit? Da bin ich mir nicht sicher. Ich weiß nur: Das Leben des Schriftstellers ist für mich die richtige Lebensart. Bitte schicken Sie den Scheck per Einschreiben.

21

Vom Füttern der Hand,
die uns beißt

In unserer sogenannten zivilisierten, urbanen Gesellschaft werden wir beinahe täglich überfallen. Es handelt sich nur um leichten Raubüberfall, meist ohne Anwendung von Gewalt, und er ist absolut legal. Uns streckt sich eine leere, fordernde Hand entgegen, und wir drücken Geld hinein.

Von all den schönen, alten Gewohnheiten, die durch Fortschritt und Wohlstand bis zur Unkenntlichkeit verkommen sind, ist das Geben von Trinkgeldern besonders pervertiert. Was einst ein gelegentlicher Bonus für besondere Mühe und Aufmerksamkeit war, ist zur kontinuierlichen, als mißlich empfundenen Verpflichtung geworden, eine Form serviler Erpressung, die in unterschiedlichen Graden und in vielen Zwischenstufen überall vom einfachen Speiselokal bis zum Viersternerestaurant praktiziert wird.

Die Herkunft des englischen Begriffs »tip« ist so interessant wie aufschlußreich. Laut dem *Oxford English Dictionary* gewann das Wort »tip« seine heutige Bedeutung wahrscheinlich irgendwann im siebzehnten Jahrhundert, und zwar als Ausdruck der Gaunersprache, wie das Wörterbuch mit bewundernswerter Genauigkeit festhält. Auf irgendeine Weise — vielleicht hat das Verstreichen der Jahrhunderte dazu beigetragen — ist das Wort ehrbar und die Praxis des »tips«, des Trinkgelds, unumgänglich geworden.

Heute lauern die Trinkgeldgeier überall. Wenn in Frankreich beispielsweise ein Mann auf eine öffentliche Toilette stürzt, um sich zu erleichtern, steht am Eingang wahrscheinlich eine massige Frau mit Schnurrbart, die ihn finster anblickt. Vor ihr befindet sich eine Untertasse, in die zur Anregung Münzen gelegt worden sind. Sollte er zu der Sammlung nichts beisteuern, wird er unterdrückte Flüche zu hören bekommen sowie eventuell zum Abschied einen Klaps mit dem nassen Mop. In Frankreich wird von Ihnen erwartet, daß Sie für Ihr *pipi* zahlen.

Ich habe mich oft gefragt, warum die meisten von uns bereit sind, das, was sie für Speisen oder Getränke oder Bedienung ohnehin bereits gezahlt haben, noch zu erhöhen. Was veranlaßt uns zu endloser Großzügigkeit gegenüber Menschen, die oft unfreundlich und nachlässig sind? Der ursprüngliche Grund für das »tip« kann es nicht sein, denn der bestand darin, einen Dienst zu belohnen, der über die reine Pflichterfüllung hinausging. Könnte es sein, daß wir von der Trinkgeldmafia geliebt werden wollen; daß wir glücklich sind, gutes Geld auszugeben für das Zweisekundenzucken, das als Lächeln akzeptiert wird? Oder sind wir schlicht und einfach wohlmeinende Gemüter, denen es Vergnügen bereitet, den weniger Glücklichen zu helfen, indem wir ihnen in klingender Münze oder kleingefalteten Scheinen ein wenig von der Milch menschlicher Nächstenliebe in die Hand drücken?

Nein, mit Sicherheit nicht. Freundlichkeit und Güte haben damit nichts zu tun. Wir geben Trinkgelder, weil wir es aus dem einen oder anderen Grund für notwendig erachten; weil wir spüren: Wenn wir es nicht täten, würde man uns verlegen machen oder, noch schlimmer, bestrafen — dafür zahlen lassen, daß wir nicht zahlten. Der Pressionen und unausgesprochenen Drohungen sind es viele, wie der folgende Überblick über »tipping« und seine Motivation zeigt.

Trinkgelder zur Absicherung

Der Parkplatzwächter läßt einen nachdenklichen Blick über Ihren neuen Wagen gleiten. »Nettes Maschinchen«, sagt er. »Keine Angst. Wir werden Obacht geben.«
Übersetzt: Wollen Sie Ihre Radkappen wiedersehen? Wollen Sie, daß bis zu Ihrer Rückkehr der Lack angekratzt, ein Kotflügel ruiniert oder Ihr Tapedeck gestohlen wird?
Natürlich wird er sich um Ihren Wagen kümmern — unter der Bedingung, daß Sie im voraus klarstellen, daß Sie ihn belohnen, wenn Sie Ihren Wagen abholen. Aber das ist noch amateurhaft im Vergleich mit der Massenerpressung, die sich jedes Jahr zur Weihnachtszeit in Ihrem luxuriösen und wohlversorgten Wohnblock abspielt. Der *concierge*, der Aufseher, der über dem Boilerraum wohnt, der Müllmann, der Wartungsmonteur — sie alle spielen mit, strahlen wohlwollend und hilfsbereit in Erwartung eines brav gefüllten Briefumschlags. Wenn Sie wissen, was für Sie selbst gut ist, geben Sie ihnen einen Bonus. Sonst richten Sie sich besser im nächsten Jahr für eine Kette von häuslichen Katastrophen ein.

Handgeld für Komfort

Wenn Sie das Mädchen Ihrer Träume endlich soweit
gebracht haben, daß Sie mit Ihnen zu Abend ißt, so
glauben Sie bloß nicht, daß es damit getan ist, in einem teuren Restaurant einen Tisch zu reservieren.
Selbst teure Restaurants haben billige Tische, die mit
Bedacht an den Kücheneingängen plaziert sind, damit Sie während des Essens krachende Teller und das
Fluchen des Kochs hören können. Und rechnen Sie
nicht mit prompter Bedienung. Es ist eine sichere Tat-
sache, daß die Tische in Küchennähe stets zuletzt bedient werden. Um nicht dort zu landen, halten Sie Ihr
Geld bereit, wenn der *maître d'* Sie begrüßt. Mehr
darüber später.

Sollten Sie nach dem Essen einen Club aufsuchen, so
gilt das gleiche Prinzip. Wenn Sie den Abend nicht
neben einem riesigen Lautsprecher verbringen wollen, der mit einem Maximum an Dezibels vibriert,
drücken Sie beim Eintreten jemandem — es kann
fast jeder sein — einen Schein in die Hand.

Handgeld, um öffentliche Demütigung zu vermeiden

Der unbestrittene Meister dieses Fachs ist der Taxifahrer in Manhattan. Er wird Sie widerwillig und in
riskantem Tempo fahren, wohin Sie wollen. Es wird
eine extrem unangenehme Fahrt. Bei der Ankunft
sind Sie ein nervliches Wrack. Doch jeder Taxifahrer
hält es für sein von Gott verliehenes Recht, Trinkgeld

zu bekommen, und wenn es seinen Erwartungen nicht entspricht, so geben Sie acht. Sobald Sie davonschreiten, wird er Sie mit Beleidigungen überschütten: »He! Sie da! Hier haben Sie Ihren verdammten Groschen! Wette, Sie brauchen ihn dringender als ich!«

So unangenehm solche Ergüsse auch für Sie sein müssen — sie sind wenigstens rasch vorbei. Die Dauerdemütigung, die jeden erwartet, der den »Miami Squeeze« ignoriert, ist noch viel schlimmer. So etwas gibt es gewiß auch in anderen Ländern der Welt, doch habe ich es nirgends wirksamer ausgeführt gesehen als bei der Gruppe prätentiöser Restaurants wenige Autominuten von Bal Harbour entfernt, wo dieser Händedruck noch häufiger ist als Shuffleboard. Es funktioniert folgendermaßen: Beim Betreten des Restaurants gleitet ein Mann auf Sie zu, der aus irgendeinem Grund im Smoking herumläuft. Hemdbrust und Gebiß strahlen. Sie sind ihm nie begegnet, er besteht jedoch darauf, Ihnen die Hand zu schütteln. Es ist der erste Test Ihres *savoir-faire*, von dem hier Ihre gesellschaftliche Respektabilität abhängt. Wenn Ihr Händedruck von Scheinen knistert, haben Sie bestanden. (Mit fünf Dollar knapp, bei einem Zehndollarschein mit einer Zwei, bei zwanzig Dollar mit Einser.)

Wenn der Hai im Smoking entdeckt, daß Ihre Hand nur aus Fingern besteht, wird er emphatisch auf die eigene leere Hand deuten. Damit haben Sie Ihre zweite Chance; von der hängt Ihr Diner ab. Schmieren Sie ihm die Hand, dann ist alles in Butter. Lassen Sie es bleiben, so werden Sie die Konsequenzen selbst verantworten müssen.

Man wird Ihnen dann nämlich einen Tisch zuweisen, der zwischen zwei Drehtüren eingezwängt ist, die zur Küche führen. Man wird Ihnen eine Speise- und eine Weinkarte zuwerfen und Sie sitzen lassen. Die vorbeieilenden Kellner werden Sie ständig anstoßen; stehenbleiben wird keiner. Sie werden versuchen, den Blick des Hais zu erhaschen; er wird jedoch stets auf den faszinierenden Fleck an der weißen Wand fünfzehn Zentimeter über Ihrem Kopf starren.

Ich habe einen Freund, der auf seine bescheidene Weise ein Held ist, weil er auf solches Verhalten reagiert, wie dieses es verdient. Er erhob sich von seinem Stuhl und stellte sich vor einen Kellner hin. »Sie kennen sich doch in der Gegend aus«, meinte er. »Wo können wir hier während des Wartens etwas zu essen bekommen?«

Außer, Ihnen machen solche Konfrontationen Spaß, wird Ihr Abendessen sich in die Länge ziehen. Irgendwann wird ein rüder Kellner vorbeischauen, bis Sie um die Rechnung bitten. Das ist das Zeichen für den Hai — um erneut aufzutauchen, ganz Zähne und Liebenswürdigkeit, um sich zu erkundigen, ob Sie Ihre Mahlzeit genossen haben.

Die meisten von uns würden etwas murmeln und so rasch verschwinden wie möglich. Nicht so mein heroischer Freund. Er sah einfach durch den *maître d'* hindurch, als ob er Luft wäre, und verließ das Restaurant. Der *maître d'hôtel*, dickhäutig und hartnäckig wie ein Enzyklopädieverkäufer an Ihrer Haustür, folgte ihm bis auf den Parkplatz.

»Haben Sie etwas vergessen?«

Mein Freund drehte sich um, zog einen Zehndollar-schein aus der Tasche und hielt ihm dem *maître d'hôtel* unter die Nase.

»Der war für Sie«, sagte er.

Der *maître d'* lächelte. Er hatte sein Ziel doch noch erreicht.

Und dann holte mein Freund ein Feuerzeug aus der Tasche, setzte den Zehndollarschein in Brand und wedelte ihn in der Luft herum, bis er ihn als versengtes Fragment zu Boden fallen ließ.

»Genießen Sie den Abend!« sagte er.

Die Antwort des *maître d'* ist nicht überliefert.

Befriedigende Gesten dieser Art sollten auf Menschen und Lokale beschränkt bleiben, die man nie wiedersehen möchte. In Ihren Stammgeschäften gehen Sie besser davon aus, daß Ihre anhaltende Beliebtheit davon abhängt, wem Sie ein Trinkgeld geben, wann Sie ein Trinkgeld geben und wieviel Trinkgeld Sie geben. Menschen, die Ihnen nur einmal im Leben begegnen, auf eine Weise, die wahrhaft dokumentiert zu werden verdient — der Steuerbeamte, der Ihnen glaubt, der Automechaniker, der Ihren Wagen im verabredeten Zeitraum repariert, ein höflicher Verkäufer bei Bloomingdale's —, wollen wir hier einmal außer acht lassen und uns auf drei Hauptzentren des Trinkgeldgewerbes konzentrieren.

Bars

Verschwenden Sie keine Zeit damit, zu kalkulieren, wieviel Sie liegenlassen; der Barmann wird das für Sie besorgen, indem er den angemessenen Teil des Wechselgeldes in einem Wermuttümpel durchnäßt. Wenn Sie mit Trinken aufhören, nehmen Sie einfach nur das trockene Geld an sich und verschwinden Sie. In eleganteren Bars hinterlassen Sie zehn Prozent der Rechnungssumme. Das Management hat bereits eine wesentliche Summe für Eiswürfel draufgerechnet, so daß alles andere übertrieben wäre.

Hotels

Ich habe festgestellt, daß Trinkgelder im voraus das Niveau des Service erhöhen und einem Menschen die beschämende Situation ersparen, daß er deshalb am Ende des Aufenthalts im Foyer überfallen wird. Verteilen Sie Ihre Großzügigkeit zu Beginn; das verschafft Ihnen den größten Nutzen. Denken Sie auch an den Mann am Eingang: Ein paar Mark an einem trockenen Tag garantieren, daß er Ihnen während eines Schauers ein Taxi beschafft. Beim Etagenservice nützt ein Trinkgeld vorab leider nichts; ich habe bisher keinen Weg gefunden, um das Warten auf ein Sandwich und ein Bier auf weniger als eine Dreiviertelstunde zu verkürzen.

Restaurants

In einigen Restaurants hat sich eine raffinierte, habgierige Gewohnheit herausgebildet, die sich nur wieder austreiben läßt, wenn hinreichend viele von uns sie austreiben. In vielen Fällen ist ein Bedienungsgeld von zwölfeinhalb oder fünfzehn Prozent bereits heimlich und leise in die Rechnung eingebaut, und wenn Sie nicht nachrechnen, könnten Sie ein Trinkgeld aufs Trinkgeld drauflegen. Fragen Sie den Kellner, ob Bedienung inklusiv ist. Und händigen Sie nie automatisch fünfzehn Prozent aus — bei einer dreistelligen Summe tun es zehn Prozent auch, wie ich meine.

Bedenken Sie stets den *sommelier*, der Ihnen beim nächsten Besuch die verborgenen Perlen der Weinkarte zeigen kann. Den Salatkellner sollte man nie mit einem Trinkgeld bedenken — der ist eine schreckliche kalifornische Erfindung, die in einem seriösen Restaurant nicht zugelassen sein dürfte. Zur Garderobenfrau sollten Sie jedoch nett sein. Man kann nie wissen. Sie könnte ja jemand anderen mit Ihrem Cashmere-Mantel fortschicken.

22

Der Privatjet

Ein- bis zweimal jährlich kommt unser Freund Felix — der Tycoon — wegen des Sonnenscheins und der französischen Küche und der Sorgen in seinem Büro kurz in die Provence. Ich weiß nicht so recht, was er eigentlich treibt — ein bißchen Hochfinanz, die gelegentliche Fusion von Firmen, die angelegentliche Beschäftigung mit Immobilien —, doch es hat, sobald er unser Haus betritt, jedesmal mit etlichen ungemein vorsichtigen Anrufen zu tun, und sein Attachékoffer ist jedesmal randvoll mit Informationen über Termingeschäfte mit Kakao oder über Konzernakrobatik. Doch was immer der Deal des Augenblicks sein mag — für ein oder zwei Tage wird er um der Tafelfreuden willen ignoriert. Felix liebt Essen und Trinken.

Zuletzt hat er uns im Frühling besucht, und während des Abendessens sprach er über sein Lieblingsthema: die nächste Mahlzeit. Wo würden wir morgen zu Mittag essen? Er hatte an Fisch gedacht — vielleicht eine von diesen mit Knoblauch durchsetzten *bouillabaisses*, die nur ein französischer *chef* mit frischen Mittelmeerfischen zustande bringt? Und, so fügte er hinzu, so etwas könne man selbstverständlich nur in einem Restaurant mit Blick aufs Meer wirklich genießen.

An Möglichkeiten, bei einer schönen Aussicht zu essen, herrscht in unserem Teil der Provence kein Mangel — Restaurants, die einen Blick auf Berge, Flüsse, Quellen, Dorfplätze, Täler, Weinberge freigeben. Fast jede Art von Aussicht ist regional zu haben — ausgenommen das Meer. Der nächste *bouillabaisse*-Tempel liegt in Marseille, neunzig Kilometer entfernt — ein Alptraum, was Parken angeht, und der Weg ist selbst für eine gute Gastronomie zu lang. Wir baten Felix, es sich noch einmal zu überlegen. Er schaute vom Käse auf, der ihn innerlich beschäftigt hatte, und strahlte. Entfernungen, sagte er, seien überhaupt kein Problem. Und Parken genausowenig. Er hatte doch sein Flugzeug mitgebracht. Es stand auf dem Flughafen von Avignon, nur fünfundzwanzig Minuten entfernt, bereit, uns hinzubringen, wohin wir wollten. Die ganze Welt war für uns Auster. Oder Hummer. Oder auch *bouillabaisse*.

Am nächsten Morgen befanden wir uns um neun Uhr dreißig auf dem Flughafen in Avignon. Er war klein und zwanglos, ganz so, wie Flughäfen waren, als das Fliegen noch Spaß gemacht hat. Da gab es keine Warterreihe vor dem *Check-in*, da trieb uns kein wichtigtuerisches Bodenpersonal in die *Departure Lounge*, wir mußte nicht warten, es gab überhaupt keinen Zirkus. Pilot und Copilot kamen uns entgegen, und wir spazierten zusammen zur wartenden Maschine.

Es war ein Busineßjet, außen cremefarbig, innen ein ruhiges blasses Grau. Er hatte sieben Sitze, die mit Handschuhleder bezogen waren, für jeden Fluggast ein Stereogerät; im Gang hinten standen Kaffee und Drinks zur Verfügung. Es glich in etwa der Concorde

— nur blieb uns der wahnsinnig machende, ständige Kommentar erspart, den man dort für unumgänglich hält, und größere Beinfreiheit hatten wir hier auch. Die Maschine konnte ohne Auftanken, wie Felix uns mitteilte, vier bis fünf Stunden lang fliegen, was hieß: ganz Europa lag in unserer Reichweite. An diesem Tag hatte er vor dem Mittagessen noch Geschäftliches in Nizza zu erledigen, so daß diese Mittelmeerstadt unser erster Halt war.

Wir flogen südlich, bis wir die Küste erreichten, und wandten uns dann nach links, wobei wir niedrig genug blieben, um beständig einen Panoramablick von der Riviera zu haben. Während wir über die Städte und Häfen hinwegglitten, die in der Morgensonne glänzten, zog Felix seine Restaurantnotizen zu Rate. Laßt mal sehen — da gibt es in Saint-Tropez LE CHABICHOU, auf der Croisette in Cannes LE PALME D'OR, BELLES RIVES in Juan-les-Pins, in Antibes LA BONNE AUBERGE — er brummelte zufrieden vor sich hin bei dem Gedanken, was die Meisterköche für uns zubereiten würden. Welch eine Auswahl! Welch eine Auswahl!

Der Jet glitt nach Nizza hinab. Die Landung erlebten wir aus der Perspektive eines Piloten. Die Motoren waren noch nicht ausgeschaltet, da näherte sich bereits ein Auto, um uns abzuholen und uns zum Terminal zu bringen. In der Frage des Restaurants war eine Entscheidung gefallen. Wir würden nach Cap d'Antibes fahren; um bei der Rückfahrt den Verkehr nach Nizza zu meiden, würden wir das Flugzeug in Mandelieu treffen, auf dem kleinen Flughafen, der außerhalb von Cannes liegt.

Ein Mann hinter einer undurchsichtigen Sonnenbrille kam im *designer*-Anzug auf uns zu und geleitete uns zu einem Mercedes. Felix entschwand, um eine Bankgesellschaft oder eine Yacht zu kaufen, vielleicht auch beides. Er nannte keine Details. Wichtig sei nur, meinte er, daß wir vor dem Mittagessen für ihn einige Einkäufe erledigten, ein paar Spezialitäten für seine Küchenvorräte zu Hause. Er reichte uns eine Liste und stellte uns den Mercedes zur Verfügung. Wir bewegten uns auf den alten Blumenmarkt zu.

Die Rue St.-François-de-Paule, die auf den Markt mündet, ist bekannt für zwei reizende etablierte Läden, bei deren Namen selbst einer Statue das Wasser im Munde zusammenlaufen könnte. Da ist erstens die Pâtisserie et Confiserie Auer mit ihren Schokoladen und Marmeladen und ihrem Gebäck; und zweitens das winzige Olivenimperium der Alziari.

Das Mädchen, das uns bei Auer bediente, war von den Wünschen, die Felix notiert hatte, ehrlich beeindruckt; *un vrai connoisseur de confiture* — so nannte sie ihn, während sie das riesige Aufgebot an Marmeladen aus Klementinen, Blaubeeren, Aprikosen, winzigen Bitterorangen, Pflaumen und Melonen einpackte. Hatten wir an den Transport dieses enorm großen Kartons gedacht? Aber gewiß. Wie Felix uns erläutert hatte, kann man auf Großeinkauf gehen, wenn man ein Flugzeug besitzt, das einem die erworbenen Güter nach Hause fliegt.

Wir überquerten die Straße und betraten das Geschäft Alziari. Es ist klein und wirkt noch winziger, wegen der Fässer aus rostfreiem Stahl voll des kaltgepreßten Öls, das, mit typisch gallischer Bravour, als »extra vergine« bezeichnet wird. Wir wurden eingeladen, einen Teelöffel Öl zu kosten, bevor wir uns festlegten. Jungfräulich und köstlich — wir orderten mehrere Dutzend Liter. Während sie aus den Fässern in Fünfliterkannen abgefüllt und versiegelt wurden, hielt uns der Rest der Liste beschäftigt: drei Kilogramm schwarze Oliven; ein Dutzend Flaschen Himbeeressig; Gläser mit milden, beinahe süßen Anchovis in Öl; Töpfe mit Olivenpaste unter dem Namen *tapenade*; Päckchen mit Safran; Lavendelhonig. Am Ende hatten wir zwei weitere riesige Kartons. Der Kofferraum des Mercedes begann, einem gutbestückten Gourmetladen zu ähneln.

Felix gesellte sich in einer der Bars am Blumenmarkt zu uns. Er wirkte abwesend. Ich erkundigte mich, ob es bei den Geschäften einen Schluckauf gegeben hätte. Keineswegs, so erklärte er. Er hätte auf dem Weg zum Café außergewöhnlich große *langoustines* bemerkt und sei sich nun nicht mehr sicher, was er zu Mittag essen solle. Er beriet sich während der ganzen Fahrt nach Antibes mit seinem Appetit.

BACON — laut einiger Magenbibeln der Rolls-Royce der Restaurants mit Meeresfrüchten — erhebt sich wie ein perfekt gekochtes Soufflé über der schmalen Küstenstraße. Der Blick zum Meer reicht von Mauer zu Mauer. Der Speiseraum wird von verstreutem Sonnenschein erhellt. Als wir eintraten, rieb Felix sich erwartungsvoll die Hände. Seine Nüstern bebten beim Duft von gegrillten Fischen, Kräutern und Knoblauch. »So«, verkündete er, »riechen alle guten Fischrestaurants.«

Ein Ehepaar mittleren Alters — die Frau war behangen mit Juwelen, ihn zierte ein Schnurrbart — war hingebungsvoll über eine dampfende Terrine gebeugt. Beide trugen einen Eßlatz, und während sie den Kellner beobachteten, der den Inhalt der Terrine in ihre tiefen Teller füllte, rieben sie kleine runde Toastscheiben mit Zehen von frischem Knoblauch ein, bevor sie eine dicke Schicht mit rostbrauner Sauce auflegten — der *rouille*, die dem Fischeintopf eine letzte pikante Geschmacksnote verleiht.

Wir hatten beschlossen, was wir als Hauptgericht essen wollten. Um uns innerlich auf die Situation einzustellen, begannen wir mit einem Mundvoll Seebarsch, der in eine Lage Pasta gewickelt und mit einer Trüffelsauce angefeuchtet war. Der Weißwein stammte aus dem wenige Kilometer entfernten Cassis. Wir waren aus größerer Entfernung angereist als sämtliche Zutaten des Menüs.

Unsere Terrine traf ein, zusammen mit den Beilagen und den Lätzchen. Der Ober filetierte den Fisch nur mit Löffel und Gabel; er tat es rasch und geschickt. Als Chirurg hätte er ein Vermögen verdienen können. Er murmelte: »*Bon appétit*« und überließ uns unseren Gaumengenüssen. Ich habe mich gefragt, warum es eigentlich so sein muß, daß man die besten Gerichte häufig nur unordentlich zu sich nehmen kann. Mir war nach zwanzig Minuten Beschäftigung mit dem Knoblauch, der *rouille* und dem reichen, suppigen Saft, als bräuchte ich ein Bad.

Das Mittagessen zog sich zwei, fast drei Stunden hin, wie Mittagessen in Frankreich das eben oft tun. Als Kreatur voller schlechter Angewohnheiten begann

ich mich zu sorgen, ob wir rechtzeitig beim Flughafen eintreffen würden. Felix bestellte noch einmal
Kaffee und lehnte sich in seinem Stuhl zurück. »Eines dürfen Sie nie vergessen«, so erklärte er mir.
»Das Flugzeug wird nicht abfliegen, bis wir soweit
sind. Wir bestimmen die Flugpläne. Nun trinken Sie
erst einen Calvados, und denken Sie nicht wie ein
Tourist.« Ich befolgte beide Ratschläge. Ich fühlte
mich herrlich wohl.

Wir erreichten schließlich den Flughafen Mandelieu
und luden unsere Vorräte hinten ins Flugzeug ein.
Kein Wort des Tadels seitens der Piloten. Sie hatten
ein Sonnenbad genommen. Und beim Abheben
dachte ich, daß ich mich mühelos an solch kultivier-
tes und entspanntes Fliegen durch Europa gewöhnen könnte, das die Zeitnöte und die Verkrampfun-
gen nicht kennt, die das Flugreisen auf das gleiche
Lustniveau gedrückt haben wie eine U-Bahnfahrt zu
Stoßzeiten.

Lag das, so wollte ich von Felix wissen, für eine normale Brieftasche ganz und gar jenseits des Er-
schwinglichen?

Das käme drauf an, meinte er. Wenn beispielsweise
eine Einzelperson auf diese Art von Avignon nach
Paris flöge, wäre das sehr teuer — etwa fünfzigtau-
send Francs oder sechzehntausend Mark für Benzin
und Landegebühren. Aber, sagte er, das Flugzeug
landet in Paris nur wenige Meter von der Stelle entfernt, wo die Concorde abfliegt. Wenn man es also ei-
lig hat, nach New York City zu kommen, wäre das der
schnellste Weg.

Man kann die Sache aber auch anders betrachten.

Nehmen wir einmal an, Ihre Firma unterhält überall in Europa Büros; nehmen wir ferner an, daß Sie diese Büros zusammen mit drei Kollegen in kürzestmöglicher Zeit besuchen müssen. Mit dem Flugzeug ließen sich Amsterdam, Paris, Zürich, Mailand und London bequem in eine Arbeitswoche einspannen. Pläne ließen sich ändern. Falls Konferenzen sich länger hinziehen als erwartet, so spielte das überhaupt keine Rolle. Sie würden Ihren Flug nie verpassen. Das ist nicht nur bequem; es handelt sich auch um die Methode mit bester Zeitausnutzung, um beschäftigte Manager herumzubugsieren. Und das alles würde schlußendlich nur das Doppelte eines Tickets erster Klasse im Linienflug für eine Person kosten.

Das klinge, meinte ich, schon beinahe gefährlich günstig im Preis.

Genau, antwortete Felix. Wenn man in ganz Europa geschäftlich zu tun hat, ist das wirklich sinnvoll.

Ich bin mir sicher, daß er recht hat. Aber ich werde auch immer der Meinung bleiben, für ein Mittagessen sei es eine verdammt lange Reise gewesen.

23

Der echte
Tausenddollar-Klapphut

Der Mann mit Hut ist heutzutage eine Seltenheit. Ich
bedaure das sehr. Hüte sind stilvoll und elegant. Sie
sprechen Bände über die Persönlichkeit dessen, der
sie trägt. Ob Sie sich als werdender Finanzier, als
boulevardier, als ein kleinformatiger Gangster oder
Cowboy betrachten — all das und vieles mehr kann
durch das signalisiert werden, was Sie sich auf den
Kopf setzen. Hüte sind oft sogar eine Art von persönlichem Markenzeichen gewesen, das zu einem Menschen gehört wie seine Nase. Denken Sie an Winston
Churchill, an Humphrey Bogart, an den Marl-
boro-Mann, den frühen Frank Sinatra oder an »Cro-
codile Dundee«. Diese Herren werden mit einiger
Wahrscheinlichkeit in Ihrer Phantasie mit Hut erscheinen.
Und abgesehen von seinen ästhetischen Qualitäten,
ist ein Hut praktisch. Im Winter hält er Ihren Kopf
warm, im Sommer kühl, bei Regen trocken und bei
Wind unzerzaust. Was sehe ich jedoch auf dem Kopf
des modernen Mannes? Entweder gar nichts oder
aber eine unpersönliche Basketballmütze aus Plastik
und Nylon mit Werbung für eine Biermarke.
Ich laufe genauso schuldig und barhäuptig herum
wie der Mann nebenan, aber ich liebe Hüte als Ziergegenstand und habe bei mir zu Hause an der Wand
eine ganze Reihe von Hüten: einen australischen

Buschhut, ein paar Filzhüte, einen Fez für festliche Anlässe und für meine Gäste im Sommer ein halbes Dutzend Panamahüte in unterschiedlichen Stadien des Verfalls. Sie sind trotz jahrelanger liebloser Behandlung noch immer elegant; sie haben einen verblichenen Butterfarbton. Im Winter ruft ihr Anblick bei mir angenehme Erinnerungen an heiße Tage und kühle Drinks wach.

Ich hatte mir nie die Zeit genommen, zwischen einem Panamahut und einem anderen zu unterscheiden. Einige haben breitere Krempen oder höhere Hauben, einen Falz in der Mitte oder Beulen vorn, doch im übrigen sehen alle recht gut aus. Es sind leichte Hüte vergleichbarer Qualität. Das hatte ich jedenfalls geglaubt.

Ich hätte meine Ignoranz mit ins Grab genommen, wenn nicht ein Freund — er wußte von meinem Interesse an allen Extravaganzen — mir von einem Hut erzählt hätte, der ihn tausend Dollar gekostet hat. Das war jedoch kein solider, unzerstörbarer, wasserdichter, ein ganzes Leben lang tragbarer Hut, der eine gute Investition darstellt. Er war aus Stroh. Wer könnte so verrückt sein und eine vierstellige Summe für etwas ausgeben, das nicht einmal drei Unzen wog und das man auf dem Kopf kaum spürte?

Zufällig mußte ich nach London reisen, kurz nachdem ich von diesem Federgewicht von Hut erfahren hatte, und ich brannte darauf, es zu begutachten. Ich verabredete deshalb einen Termin mit Anthony Marangos, der die ehrwürdige Firma Herbert Johnson führt, die seit 1790 den englischen Adel mit Hüten versorgt.

Während Mr. Marangos mich auf eine Besichtigungstour zu den Seidenzylindern und schrotsicheren Jagdkappen aus Tweed, den tintenschwarzen Bowler-Hüten und quastenbesetzten samtenen Hausmützen begleitete, wies er diskret auf einige der berühmteren Kunden von Herbert Johnson hin. Ganz oben auf der Liste stand das königliche Haupt von Prinz Charles, gefolgt von den Offizieren und Gentlemen der besten Regimenter der britischen Armee. Das war eindrucksvoll, aber bei einem Hutmacher mit zweihundertjähriger Tradition eigentlich keine so große Überraschung. Was ich nicht wußte, war, daß die kleine Werkstatt im hinteren Ladenbereich auch für einige der größten Hollywood- und Broadway-Berühmtheiten maßgefertigte Hüte liefert. Indiana Jones, Inspector Clouseau, Professor Henry Higgins und der Joker — sie alle und viele mehr haben ihre Kopfbedeckungen von Herbert Johnson bekommen. Wir näherten uns inzwischen der Ecke des Ladens, wo die Sonne nie untergeht — jedenfalls nie über einem unbedeckten Haupt. Hier gab es Bombay-Bowler, repräsentative Tropenhelme und auch den Hut, wegen dem ich gekommen war: den unübertrefflichen, authentischen Panamahut.

Der erste Schritt in der Richtung meiner Aufklärung war die Erkenntnis, daß Panamahüte nicht aus Panama stammen. Sie werden in den Hügeln von Ecuador aus *toquilla*-Stroh mit der Hand geflochten (bei Nacht, wie man erzählt, wenn es kühler ist). Der irreführende Name kam zustande, weil die Arbeiter beim Bau des Panamakanals solche Hüte trugen. Vermutlich haben sie sich mit einem grobgeflochtenen Standardmodell zufriedengegeben; immerhin gab es zwanzig unterschiedliche Typen dieser Kopfbedeckung.

»Halten Sie den doch einmal gegen das Licht«, schlug Mr. Marangos vor. »Erkennen Sie die Ringe? Je enger sie liegen, desto dichter ist das Gewebe.« Und desto höher natürlich auch der Preis, obwohl der Hut, den ich da betrachtete, nur etwa dreihundert Mark kostete. Er fühlte sich ganz wunderbar an — waffeldünn, fest und geschmeidig. Ich fragte mich, ob das Modell für den Millionär überhaupt viel besser sein könnte. Meine Weiterbildung machte Fortschritte. Die besten aller Panamahüte stammen aus der Stadt Montecristi; der Stolz von Montecristi ist der *fino*. Die Herstellung eines einzigen Hutes kann volle drei Monate beanspruchen; bei richtigem, respektierlichem Gebrauch hält er zwanzig Jahre. Doch solche Statistik bereitete mich in keiner Weise auf das Erlebnis vor, einen *fino* aus Montecristi in Händen zu halten. Er schwebte auf den Tisch vor mir — in angemessenem Cremeton und mit einem dunkelgrauen Hutband. Er fühlte sich ungewöhnlich an, eher wie aus dicker Seide denn aus Stroh, und das Gewebe war so fein und dicht, daß es mir schwerfiel, zu glauben, er hätte sein Dasein als eine Faustvoll isolierter Halme begonnen.

Wie alle Panamahüte in Herbert Johnsons Geschäft war er in London als einfacher Zylinder angekommen, unförmig, in unfertigem Zustand. Seine Form, das Cheltenham-Hutband (das in weniger differenzierend-bewußten Häusern als Schweißband bezeichnet werden könnte) und seine Außenborte hatte er hier in der Werkstatt verpaßt bekommen. Letzteres, so wurde mir mitgeteilt, ließe sich ändern, der Laune des Eigentümers entsprechend, von Clubfarben bis zu Polkatupfern. Oder es könnte aus einer Lieblingskrawatte gemacht werden, die man neu zuschnitt und in den Status eines Hutbands beförderte. Ich hielt den Hut gegen das Licht und schaute hinein. Mehr Ringe, als ich ohne weiteres zählen konnte, und oben unter der Haube zwei Buchstabengruppen von zarten Initialen zur Kennzeichnung der Kunsthandwerker, die für das Meisterwerk verantwortlich waren. Welche Arbeitsleistung! Ich spürte die ersten Regungen der Versuchung, als Mr. Marangos mich in ein schreckliches Branchengeheimnis einweihte. Nicht jeder Hut, der wie ein Panama aussieht und als Panama verkauft wird, ist ein echter Panamahut. Überall werden gekonnte Imitate angeboten, die oft aus Fernost kommen und aus nichts Substantiellerem als koloriertem Papier hergestellt sind. Versuchen Sie einmal, so einen Hut zu falten, meinte er verächtlich — das wäre das Ende des Hutes.

Ach ja, das Falten. Ich hatte fast vergessen, daß eine der liebenswerten Eigenschaften eines wahren, hochqualitativen Panamas seine erstaunliche Biegsamkeit ist, die es Ihnen gestattet, ihn in der Mitte zusammenzufalten und zu einem Kegel zu rollen, der so schlank ist, daß man ihn durch einen Ehering schieben könnte. Vielleicht sollten Sie diesen Partytrick nicht allzuoft ausführen; aber er bedeutet, daß Sie Ihren Panama auf der Reise in eine Röhre stecken und dann später ohne Knitterfalten wieder auspacken können.

Ich bat um einen Beweis und sah zu, wie der Hut — ich betrachtete ihn wirklich beinah schon als *meinen* Hut — in etwa fünf Sekunden zu einem Kegel wurde. Eine Wiederholung im Zeitlupentempo erlaubte es mir, zu verstehen, wie das vor sich ging. Der Hut wird gegen den Bauch gehalten und entlang seiner Mittelachse zusammengefaltet. Zwei oder drei Drehungen des Handgelenks, und schon haben Sie einen Kegel. Ein leichtes Schütteln, und Sie haben Ihren Hut wieder geöffnet, der auf wundersame Weise ohne einen Knick ist. Ganz einfach.

»Vielleicht könnten Sie auch so einen gebrauchen«, meinte Mr. Marangos. Er holte eine hübsche kastanienbraune Röhre hervor mit dem Herbert-Johnson-Wappen in Gold. »Für Ihre Reisen.« Der zusammengerollte Hut paßte genau hinein.

Ich dachte darüber nach. Brauchte ich einen solchen Hut? Nachdem ich so viele Jahre ohne ausgekommen war? Konnte ich mir so einen Hut leisten, dessen Preis, gewogen in Dollarscheinen, sein Gewicht übertraf? Ganz bestimmt nicht. Was würde mein Steuerberater sagen, wenn ich den Hut als berufliche Unkosten abzusetzen suchte? Ausgeschlossen.

»Sehr schön«, hörte ich mich erklären. »Ich nehme ihn.«

24

Manhattan

Manhattan hat sich mir einmal wohlgesonnen gezeigt, als ich mich in einer Notlage befand. Seither ist mir der Ort lieb und teuer geblieben. Ich hatte mich in London um eine Anstellung als Texter in der Werbebranche bemüht. Das war quasi vor hundert Jahren, Anfang der sechziger Jahre; damals wurden die Londoner Werbeagenturen von eleganten, meistens wenig intelligenten Herren geleitet, die in Eton zur Schule gegangen waren, an der Universität Oxford studiert hatten und sich möglichst mit jungen Herren eines ähnlich elitären Bildungsniveaus umgaben. Ich hatte weder Eton noch Oxford besucht — ich hatte überhaupt nicht studiert. Ich war auch nicht elegant. Mit solch gravierenden sozialen Nachteilen war es mir unmöglich, jemanden zu überreden, mich auch nur zu einem Anstellungsgespräch einzuladen — nicht einmal für eine Stelle im Postraum. Deshalb folgte ich altem Brauch und beschloß, mich unter die Massen zu mischen, die reich werden wollten, und reiste — zum Touristentarif (d.h. unter der Wasseroberfläche) mit der *Queen Mary* bis an den alten Kai am Ende der West Fifty-second Street. Manhattan war eine Offenbarung. Dort war alles möglich — oft sogar bis Ende der Woche. Harte Arbeit wurde großzügig und prompt belohnt. Und auf Eton und Oxford legte zu meiner großen Erleichterung niemand Wert. Ich habe sicherlich Glück gehabt, und es gibt bestimmt viele, die nicht soviel Glück hatten. Aber ich habe viele herrliche Erinnerungen an Manhattan. Für mich war New York eine ganz besondere Stadt.

Sie ist es noch immer, aus anderen Gründen als damals, als sie mich von der Arbeitslosigkeit erlöste. Wenn ich heute hinfahre, dann, um Ferien zu machen, um des größtmöglichen Unterschieds zu meinem Alltagsleben in der tiefsten Provence willen, für eine Dosis Hochspannung, zum Vergnügen.

Das haben Sie wahrscheinlich bisher noch von niemandem gehört. Doch es macht mir sogar *beinahe* Spaß, durch die Einwanderungskontrolle zu gehen. Sie ist so altmodisch. Der Uniformierte sucht mit vor Langeweile glasigen Augen in seinem Computer nach Spuren meiner kriminellen Vergangenheit und findet nichts. Er gibt aber nicht auf. Schon kommt die Fangfrage.

»Was ist der Zweck Ihres Besuches?«

Ich bin stets versucht, seinen Tag um einige interessante Augenblicke aufzuheitern, seinen Blick zu aktivieren, ihm das Gefühl zu vermitteln, daß er Amerika vor den Kräften des Bösen schützt. Der Zweck meines Besuchs? Oh, das Übliche — hauptsächlich Drogenhandel und ein bißchen Zuhälterei, falls ich dafür Zeit finde, aber Sie wissen ja, wie es einem in Manhattan ergeht: Man scheint nie genug Zeit zu haben, um alles zu erledigen.

Ich frage mich, ob er je blinzeln würde. Wahrscheinlich würde er auf sein Formular kritzeln »geschäftlich« und mir noch einen schönen Tag wünschen.

Nach Erledigen der Formalitäten kann ich damit beginnen, meine Reisespesen auszugeben, indem ich mich für die Fahrt vom Flughafen in die Stadt angemessen verwöhne. Ein Taxi kommt nicht in Frage. Auch der Helikopterdienst nicht. Den habe ich einmal ausprobiert; der Mangel an zivilisiertem Service hat mich schockiert. Als ich entdeckte, daß es nicht einmal eine Bar gab, war es zum Aussteigen zu spät.

Seitdem benutze ich eine Limousine, und um sicherzugehen, daß an ihr alles wunschgemäß ist, rufe ich von unterwegs an, um mitzuteilen, man möge doch bitte den Champagner nicht vergessen. Bei dem heutigen Verkehr könnte ein Mensch bei einem sieben Kilometer langen Stau auf der Fahrt durch Queens vor Durst sterben.

Und da wäre ich also, die Beine hochgestellt, mit einem Glas in der Hand, während die Lichter von Manhattan am Horizont aufleuchten. Meine Kreditkarten zittern vor Erwartung, und ich schaue meiner ersten Auseinandersetzung mit den Einheimischen entgegen, die einige der besten Shows der Stadt liefern: Drama, Schmierenkomödie, groteske Persönlichkeiten, kernige Sprache — alles wird geboten, und das kostenlos.

Da hockt an der Ecke zwischen Sixth Street und Forty-second Street ein Mann auf dem Bürgersteig, der jede schöne Frau anstarrt, die vorbeigeht, und jeder zuraunt: »Wechsel die Unterwäsche, Baby.« Die Frauen tun so, als hätten sie ihn nicht gehört, aber man merkt, daß sie ihn doch gehört haben.

Da gibt es die frühabendlichen Handgemenge der

Manager, die sich um ein Taxi streiten. Der Dialog ist vorhersagbar:

ERSTER MANAGER: »Das ist mein Taxi, Sie Arschloch!«

ZWEITER MANAGER: »Wen meinen Sie mit Arschloch, Sie Arschloch?«

Konfrontation und Beschimpfung überall — ich nehme an, daß vieles nur für Provinzler wie mich in Szene gesetzt wird, damit wir auch merken, daß wir mitten in eine Großstadt hineingeraten sind.

Ach, welch reichhaltige, vor Spielzeug strotzende, das Geld verschlingende Stadt! Hier ist anscheinend jedermann darauf bedacht, Konsumverhalten zu demonstrieren: Botenjungen mit Tausend-Dollar-Reebok-Schuhen, Geschäftsleute mit handgenähten Krokodilleder-Attachékoffern, mittelalterlichen Matronen, die unter dem Gewicht ihrer Ohrringe ins Stolpern geraten, Limousinen von der Länge eines Straßenzugs, Privathubschrauber in den Lüften. Das Geld wird verbraucht wie Sauerstoff — wie oft ich auch in Manhattan anreise, während meiner ersten vierundzwanzig Stunden hier befinde ich mich jedesmal von neuem in einem Zustand des Schocks wegen des Tempos, mit dem ein Bündel Banknoten sich in eine Tasche voller Kleingeld verwandelt. Die Lösung des Problems liegt natürlich darin, einfach kein Geld mehr zu verwenden, sich auf Plastikkarten umzustellen und beim Unterschreiben die Augen zu schließen. Wenn ich mich erst einmal zu dieser Umstellung durchgerungen habe, kann ich beginnen, mich des sorglosen Lebens zu erfreuen.

In Manhattan gibt es eine solche Fülle von Möglichkeiten, Geld in den Schornstein zu jagen, daß es übermenschlicher Kräfte und eines ausgesprochenen Organisationstalentes bedürfte, sie im Zeitraum von nur wenigen Tagen samt und sonders zu nutzen. Ich tue mein Bestes, weiß Gott. Es ist ja nicht so, daß ich's nicht versuche, aber ich schaffe einfach nicht alles, was ich gern schaffen möchte. Allerdings gibt es bestimmte Rituale, die ich bei jedem Besuch absolviere. Sie sind Pflicht und haben Priorität gegenüber den kruden Exzessen, die ich aus Zeitmangel bisher noch bei keinem Besuch genießen konnte. Macht nichts. Es ist ja nicht das letzte Mal. Zunächst einmal mache ich mich wieder mit dem verschwenderischen Leben hier vertraut — durch einen Besuch beim Frisör.

Vielleicht sollte ich ihn nicht Frisör nennen, weil er ein Haarschneider ist, der von anderen Haarschneidern als einer der besten der Welt anerkannt wird. Er heißt Roger Thomson; sein Salon befindet sich unten bei BARNEY'S. Er ist oft wochenlang im voraus ausgebucht, und bekanntermaßen hat er Kunden abgewiesen, deren Wünsche des Haarschnitts sich nicht mit seinen Ideen deckten. Übergeben Sie ihm Ihren Kopf. Lassen Sie ihn machen, was er will. Es wird der beste Haarschnitt, den Sie je gehabt haben. Er wird hundertfünfundzwanzig Dollar kosten.

Mein nächster Halt auf dem Weg zum Mittagessen ist das Schuhgeschäft Susan Bennis Warren Edwards an der Park Avenue. Ob es sich hier um eine Einzelperson mit einem langen Namen handelt oder um zwei Menschen, die sich bei der Namensnennung der Firma die Kommas geschenkt haben, ist mir nicht bekannt, aber irgend jemand in diesem Etablissement hat einen ausgezeichneten Blick für Schuhwerk — für den klassisch-schlicht bequemen, atemberaubend teuren Schuh. Die Preise beginnen irgendwo nördlich von zweihundert Dollar und steigen rapide, falls Sie in einem exotischeren Leder Fuß fassen. Ein hübsches Filztäschchen ist im Preis stets inbegriffen — als ob man Smaragde gekauft hätte.

Zwei Minuten weiter befindet sich eines meiner liebsten Restaurants außerhalb Frankreichs. Ich wurde das erste Mal im beeindruckenden Alter von vierundzwanzig Jahren mit dem FOUR SEASONS bekannt gemacht und habe sonst nie Ähnliches gesehen. Das Dekor ist überwältigend, mit einem Augenmerk für Details, das außergewöhnlich ist. Und dann — eine weitere kostenfreie Ansicht — gibt es dort sehr diskret gepolstertes menschliches Mobiliar.

Falls das Schicksal die Unfreundlichkeit besitzen sollte, um dreizehn Uhr dreißig — gleichgültig an welchem Tag — eine Bombe auf das FOUR SEASONS fallen zu lassen, so würde die Verlegerwelt kopflos. Sie sind alle anwesend: die führenden Lektoren, die großen Agenten, die Autoren mit siebenstelligen Vorschüssen, die mit Nullengeflüster über Taschenbuchrechte und Filmoptionen verhandeln, während sie völlig desinteressiert auf ihren Tellern herumstochern. Noch schlimmer — sie trinken Wasser. Wasser, um Himmels willen! Obwohl doch die Weinkarte hier vor Verheißungen vibriert und der *sommelier* nur darauf wartet, Sie bei der Hand zu nehmen und durch die Burgunder zu führen. Wie kann man da widerstehen? Ich könnte es bestimmt nicht. Außerdem finde ich es unerträglich, einen Weinkellner einsam und allein dastehen zu sehen.

Um zweihundert bis zweihundertundfünfzig Dollar leichter, fühle ich mich ausreichend erfrischt, um den verbliebenen Nachmittag in Angriff zu nehmen, den ich zwischen den gleichermaßen faszinierenden Welten von Kommerz und Kultur aufzuteilen gedenke.

Verglichen mit New Yorkern, bin ich kein echter Käufer. Mir fehlt die Energie, um mich die Madison Avenue rauf und runter durchzukämpfen, in Cashmere-Socken und seidenen Hosenträgern zu wühlen. Mir wachsen die Arme vom Tragen der Einkaufstaschen. Meine überhitzte Kreditkarte schmilzt an den Rändern. Ich beobachte die echten Kaufbummler: Ihre Augen glühen von Erwerbslust; ich muß ihre unerschöpfliche Begeisterung bewundern. Ich kann nur in Phasen einkaufen und brauche professionelle Hilfe, jemanden, der ganz genau weiß, was ich will, auch wenn ich mir selbst nicht im klaren bin. Aus dem Grunde kann ich bei praktisch jedem Besuch der Versuchung nie widerstehen, die West Forties aufzusuchen, das Nervenzentrum für elektronischen Kleinkram und laserschnelle Verkaufstechnik.

Es gibt Dutzende solcher Geschäfte, die von Wundern der Hightech platzen, die zu Hause, in der französischen Provinz, völlig unbekannt sind — Unterwasserkameras, turbogetriebene Bleistiftspitzer, Telefonanrufbeantworter in Westentaschengröße, digitale Blutdruckmesser, federleichte Videokameras, Abhörschnickschnack, Radios, die so klein sind, daß man sie schlucken könnte. Brauche ich wirklich eines von diesen außergewöhnlichen Dingen?

Auf die Antwort muß ich keine fünf Sekunden lang warten. Länger benötigt der Verkäufer nicht, um quer durch den Laden zu sprinten und den Ausgang zu blockieren. Er redet von Sonderangeboten, Preisnachlässen, kostenlosem Jahresbedarf an Batterien, bevor ich nur den Mund aufmachen kann. Diese Jungs sind Kraftpakete. Einer allein kann Sie von allen Seiten umgeben. Überlassen Sie alles ihm. Er wird Ihnen schon sagen, was Sie unbedingt brauchen. Ein schwimmendes Telefon? Eine durch die menschliche Stimme ausgelöste Alarmanlage? Ein Schreibgerät für den Weltraum? Hier ist es. Und wie wäre es mit einem individuellen Streßüberwachungsgerät mit einem Ausdruck ihrer biorhythmischen Werte? Hier. Hier haben Sie meine Karte. Kommen Sie bald wieder. Einen schönen Tag noch.

Wenn ich endlich flüchten kann, begebe ich mich in die relative Stille der Buchhandlungen oder des Museum of Modern Art. Aber selbst das bedeutet anstrengende, dursttreibende Arbeit. Um sechs Uhr abends zieht es mich wie durch primitiven Wanderinstinkt an einen kühlen, schwach beleuchteten Ort, wo ich überlegen kann, wie ich die nächsten Stunden verbringe. Es ist während dieser Momente des Nachdenkens, daß ich mir der Möglichkeiten ungehemmten Geldausgebens bewußt werde.

Eine besteht darin, im PALM RESTAURANT an der Second Avenue zu Abend zu essen und mitzuerleben, wie eines der Ungeheuer in den rosaglänzenden Mänteln in fünfzehn Runden erlegt wird. Die Kellner

211

dort müssen das ungläubige Staunen von Gästen gewohnt sein, wenn der Leichnam serviert wird. »Was
ist denn los?« fragen Sie. »Haben Sie noch nie einen
Hummer gesehen?«

Oder man könnte die Fifth Avenue hinunterfahren.
Ich habe von einer Limousine gehört, die im Fond einen Jacuzzi hat, und der Gedanke, splitternackt
durch die Stadt zu gondeln und das Champagnerglas
zu aufgebrachten Fußgängern zu heben, ist äußerst
verlockend.

Bisher habe ich mich auf so etwas noch nicht einge-
lassen. Ich werde es aber bestimmt noch tun. Ich
werde darüber berichten.

25

Cher ami

Der große Antoine starb vor einigen Jahren, unter Umständen, auf die ich noch zu sprechen komme. Doch CHEZ L'AMI LOUIS, das Restaurant, das ihm gehörte und in dem er über fünfzig Jahre selbst kochte, ist noch immer so, wie es ihm gefallen haben muß: gedrängt voll und lärmerfüllt, entschieden schäbig, mit dekorativen, schönen Frauen, die ihre Diät vergessen, während sie sich Mahlzeiten von nostalgischen Portionen einverleiben.

Gerüchten zufolge ist es das teuerste *bistro* in Paris. Ich beschreibe es lieber als preiswert — für alle, die sich ihres Hungers nicht schämen. Leute, die mit der Nahrung spielen oder vorgeben, Teller mit großen leeren Flächen und reizvoll geschmäcklerischen Tröpfchen Himbeer-*coulis* in der Mitte zu mögen — diese armseligen, ausgedörrten Gemüter werden über die Opulenz entsetzt sein. Sollten Sie zu denjenigen gehören, lesen Sie bitte einfach nicht weiter. Sie werden aus Anteilnahme unter Verstopfung zu leiden beginnen.

CHEZ L'AMI LOUIS ist die Nummer 32 der engen, unauffälligen Rue du Vert-Bois, wo die Geräusche von schwerem Atmen dereinst den Verkehr übertönten. Früher war hier ein Zentrum für geheime Verabredungen, ein *quartier*, in dem jedes zweite Haus den Leidenschaften offenstand. In den *maisons de passe*

konnten Damen und Herren die Zimmer stundenwei-
se buchen, bevor sie, noch immer hochrot, um die
Ecke stolperten, um sich bei Antoine zu erholen.

Selbst in heutiger, wenig sorgloser, minder sittenlo-
ser Zeit ist es möglich, sich vorzustellen, daß der
Mann mit dem gepflegten Haarschnitt, der mit seiner tiefdekolletierten Begleiterin in der Ecke flü-
stert, sich einen Abend lang von der Ehe erholt.
Wenn die Eingangstür aufgeht, lösen Sie die ineinander verflochtenen Finger und schauen, ob ein Bekannter eintritt. Ist es Schuldbewußtsein? Oder halten Sie nur Ausschau nach berühmten Gesichtern?
Politiker und Staatsmänner, Roman Polanski, Faye
Dunawaye, Mitglieder der Familie Peugeot, Caroline
von Monacos Exmann, die gute Gesellschaft, die
Halbwelt — alle sind hier gewesen und werden zweifellos wiederkommen.

Aber wieso eigentlich? Es ist schwierig genug für einen *chef*, ein Restaurant fünf Jahre lang über Wasser
zu halten, bevor der modische Trend ihm die Zähne
ausschlägt und zu neueren, schickeren Tischen wei-
terzieht. Wie kann es angehen, daß ein kleines und
dazu baufälliges Lokal in einer gewöhnlichen Straße
seit den 1930er Jahren floriert? Und was noch be-
merkenswerter ist — es waren keineswegs Touristen,
es sind Pariser, die das Restaurant am Leben erhalten
haben; und der populären Legende zufolge sind Pariser unbeständig und von der Fülle der Angebote
verwöhnt. Warum kamen sie also hierher, und warum kommen sie immer noch?

Einige der schönsten Dinge des Lebens sind eher
wundervolle Zufälle als planvolle Erfindung, und ich

habe den Eindruck, daß CHEZ L'AMI LOUIS in diese
Kategorie fällt. Es gibt ein Rezept — falls man herrliche Zutaten, die aufs einfachste gekocht, in absurd
großzügigen Portionen serviert werden, als Rezept
bezeichnen kann —, aber das Lokal bietet mehr. Es
hat Persönlichkeit, eine begierliche Atmosphäre
von Appetit und aufgeknöpftem Vergnügen, und ich
vermute, daß es sich dabei um das Erbe Antoines
handelt, dessen Geist das Restaurant führt.

Sie sehen Antoines Porträt beim Eintreten am anderen Ende des Raums — ein großer, grauschnurrbärti-
ger Dachs von einem Mann, der in der Blüte seiner
Jahre über zwei Zentner wog. Von seinem Foto aus
hat er einen Überblick, der sich während eines halben Jahrhunderts kaum verändert hat. Der schwarz-
weiß gefliste Boden ist stellenweise bis auf den
nackten Beton abgetreten. An einer Seite hockt ein
ehrwürdiger Holzofen, dessen klappriger Blech-
rauchfang gefährlich lose an der Decke hängt. Die
Wände haben die Farbe von gebratenem Leder —
schwarzbraun. Sie haben Risse, die Holzstühle gerade Rückenlehnen, die schmalen Tische lachsrote
Decken, voluminöse Servietten, einfaches, praktisches Besteck. Künstlerische Beleuchtung fehlt. Hin-
tergrundmusik gibt es nicht. Eine Bar auch nicht.
Nirgends Krimskrams. Es ist ein Lokal, das zum Essen dient.

Der Geschäftsführer, der das Lokal seit vierzehn Jahren leitet — angemessenerweise heißt er Louis, und
in seinem weißen Jackett und seinen schwarzen Hosen wirkt er so solide wie ein Steak —, führt sie an Ihren Tisch. Die Kellner nehmen den Gästen die Män-

tel ab — ob Cashmere, Zobel, Nerz, das spielt keine
Rolle —, falten sie und werfen sie mit dem geübten
Zucken von Basketballspielern auf das kopfhohe
Regal, das sich über eine ganze Wand hinzieht. Es
ist Herren gestattet, sich, wenn gewünscht, des
Jacketts zu entledigen; es wird gern gesehen, wenn
sie die Serviette hoch unters Kinn stecken. Die
Menükarte wird gereicht.

Es handelt sich um ein einfaches, weißes, kurzes,
handbeschriebenes Blatt: fünf Entrees, zehn Haupt-
gänge, fünf Desserts. Die Auswahl wechselt je nach
Jahreszeit, und es gibt viele Kunden, die ihre Besuche so einrichten, daß sie mit dem Eintreffen von frischem Spargel, Milchlamm oder der wilden *crêpes*
zusammenfallen. Als ich Anfang Dezember kam,
war es auf der Menükarte Winter geworden; sie war
voller Speisen, die einem in einer kalten Nacht die
Rippen polstern.

Der erste Gang jeder guten Mahlzeit besteht aus
freudiger Erwartung. Es sind die Minuten des himmlischen Noch-nicht-wissens-was, wenn man mit dem
Glas Wein in der Hand geistig über den Möglichkeiten schwebt. Ein *confit* von Ente? Ein paar Kammuscheln, die vor Knoblauch pulsieren? Gebratener Fa-
san? Eine Wachtel mit Trauben gekocht? Von meinem Platz aus konnte ich in die Küche schauen und
nahm verschwommen weißgekleidete Gestalten und
Kupferpfannen wahr. Ich konnte das Brutzeln von
Fleisch hören, hörte, wie die Kartoffeln gewendet
wurden. Ein Kellner ging vorbei, der in Schulter-
höhe ein Tablett mit einem feurigem Gericht trug:
Kalbsnierchen *flambées*. Ihm folgte Louis, der eine

verstaubte Flasche wiegte. Unser Kellner kam und wartete.

Im Zweifelsfall, so pflegte mein Onkel William zu sagen, nimmt man die *foie gras*. Sie ist übrigens ein klassisches Gericht dieses Hauses, wird seit zwei Generationen von der gleichen Familie geliefert und hat angeblich so manchen Gourmet zu begeistertem Flüstern verführt. Doch, zum Anfang ein wenig *foie gras* und anschließend ein kleines Hähnchen.

Als der Ober zurückkam, glaubte ich, daß ihm das Messer ausgeglitten sein müßte. Wir waren zu viert, und jeder von uns hatte eine andere Vorspeise bestellt. Aber er brachte genug *foie gras* für alle vier — rosa Scheiben, die mit blaßgelbem Gänsefett geädert waren und mit warmen Scheiben von *baguette* serviert wurden. Die Teller der anderen waren mit gleichermaßen unverschämten Portionen von Kammuscheln, von Landschinken und von Weinbergschnecken beladen. Und ein zweiter Berg mit Weißbrot — für den Fall, daß wir nicht genug haben sollten.

Es ist entweder ein beschämendes Eingeständnis von Verfressenheit oder ein Tribut des Verantwortungsbewußtseins, das ich dem Recherchieren entgegenbringe — aber ich habe von allen Vorspeisen gekostet, und ich darf sagen, daß ich noch nie so gut zu Abend gegessen habe. Leider stand uns das Hauptgericht noch bevor. Mir wurde klar, wie Antoine sein Kampfgewicht zu erhalten vermocht hatte.

Vom Kochen konnten ihn nur zwei Dinge im Leben abhalten: Pferderennen und Frauen. Seine weiblichen Lieblingsgäste wurden regelmäßig mit knoblauchduftigen Umarmungen erstickt und spürten Antoines ofenwarme Finger auf ihren Wangen. Und die Damen beteten ihn an, so wie er sie anbetete. Als eines Abends eine weltberühmte Schönheit auf der Damentoilette einige technische Probleme mit dem Strumpfband hatte, wurde keineswegs eine andere Frau zur Rettung gerufen, sondern Antoine. Als er in die Küche zurückkehrte, schüttelte er vor Staunen den Kopf. Seine Hände formten wollüstige, zitternde Formen in der Luft, und er murmelte. »Welch großartige Schenkel!«

Zufälligerweise war der nächste Gang ein nicht minder großartiges Huhn. Beim Bestellen hatte ich ein maßgebliches Wörtchen auf der Speisekarte übersehen, nämlich *entier*. Der ganze Vogel, mit glänzender Haut, honigbraun, saftig feucht und wonneprächtig mitsamt Schenkeln wurde mit einem Geschick tranchiert, das ich stets bewundere und selbst nie erreiche. (Die Opfer meines Vorlegens haben aus unerfindlichen Gründen Knochen an den falschen Teilen.) Die Hälfte des statuesken Vogels wurde mir auf dem Teller gereicht. Der Ober versprach, mir die andere Hälfte für später warm zu halten und servierte die *pommes frites* — eine zwanzig Zentimeter hohe Pyramide aus dicken Streichhölzern, die zwischen den Zähnen weich knackten.

Wie durch ein Wunder schaffte ich die Hälfte meines Hähnchens, während meine Freunde sich mit ihren vernünftiger dimensionierten, jungen Rebhühnern befaßten. Zur höflich bekundeten Überraschung des Obers war ich nicht in der Lage, für die zweite Runde des Hähnchens wieder in den Ring zu steigen, aber bevor er endgültig aufgab, mußte er mir zuerst noch mit Desserts drohen. Wilde Erdbeeren? Eine *nougatine glacée*? Eine fußballgroße, kirschgetränkte Ananas?

Wir einigten uns schließlich auf Kaffee und später auf eine Begehung der Küche, die eines Tages, wie ich hoffe, offiziell zum Nationaldenkmal erklärt wird. Sie war besetzt von Bibi, Didi und Nini, die irgendwie auf kleinstem Raum fast ohne moderne Technik die spektakulärsten Gerichte zustande bringen. Im geschwärzten gußeisernen Bereich, der 1920 installiert wurde, hängen zwanzig bis dreißig zerbeulte Kupferpfannen. Die heißen Herdplatten sind in siebzig Jahren zweimal abgenutzt und ersetzt worden. Die Hitze wird durch Holz gespendet — altes, gereiftes Eichenholz. Und das ist alles. Keine Mikrowellenherde, keine glänzenden computergesteuerten Herde, keine Flächen aus rostfreiem Stahl. Der Küchenredakteur der Zeitschrift HOUSE & GARDEN würde eine Krise bekommen.

Es funktioniert. Warum also ändern? Doch Veränderungen kommen sowieso nicht in Frage. Als Antoine sich dem Ende seiner Laufbahn näherte, stimmte er dem Verkauf seines Restaurants nur unter zwei Bedingungen zu. Erstens müßte alles im ursprünglichen Zustand bleiben: die abgewetzten Fußböden, der klapprige Herd, die rissigen Wände — und überhaupt. Auch das Essen sollte so bleiben, wie es stets gewesen war: Nur die besten Zutaten in großen Mengen einfach zubereitet. Die zweite Bedingung bestand darin, daß man nach seinem Tod die Sorge für seine Frau übernahm.

Die Legende über Antoines Tod beginnt mit seiner tiefen Abneigung gegen medizinischen Zugriff und gegen Ärzte. Als er krank wurde, flehten die Freunde ihn an, den besten Arzt in Paris aufzusuchen. Er weigerte sich. In dem Fall, meinten seine Freunde, würden sie dafür sorgen, daß der Arzt zum Restaurant käme, um ihn zu behandeln.

Wenn ihr einen Arzt in meine Nähe bringt, bring ich ihn um, sagte Antoine. Doch die Krankheit war hartnäckig, seine Freunde auch, und eines Morgens brachten sie einen Arzt — einen mutigen Arzt — ins Restaurant mit. Bis auf Antoine war es leer. Er saß mit einem halbgeleerten Glas Calvados und einem Revolver am Tisch. Er war einem Herzanfall erlegen. Ob das der Wahrheit entspricht? Oder ist er friedlich in einer Klinik in Versailles gestorben? Ich weiß, welches Ende mir persönlich lieber wäre, und bin sicher, daß Antoine es ebenfalls vorgezogen hätte. Man stirbt am besten zu Hause.

(60454)

Peter Mayle

(3248)

(60053)

(60075)

(60286)